统筹城乡发展背景下的农民工返乡创业研究
——基于10个劳动力输出大省的调查

Rural Migrant Workers' Returning Hometown for Starting a Business Under the National Overall Planning of Urban and Rural Development: Based on a Survey of 10 Provinces with Large Amount Output of Workforce

唐 杰 著

编委会及编辑部成员名单

(一) 编委会

主　任：李　扬　王晓初

副主任：晋保平　张冠梓　孙建立　夏文峰

秘书长：朝　克　吴剑英　邱春雷　胡　滨（执行）

成　员（按姓氏笔划排序）：

卜宪群	王　巍	王利明	王灵桂	王国刚	王建朗	厉　声
朱光磊	刘　伟	杨　光	杨　忠	李　平	李　林	李　周
李　薇	李汉林	李向阳	李培林	吴玉章	吴振武	吴恩远
张世贤	张宇燕	张伯里	张昌东	张顺洪	陆建德	陈众议
陈泽宪	陈春声	卓新平	罗卫东	金　碚	周　弘	周五一
郑秉文	房　宁	赵天晓	赵剑英	高培勇	黄　平	曹卫东
朝戈金	程恩富	谢地坤	谢红星	谢寿光	谢维和	蔡　昉
蔡文兰	裴长洪	潘家华				

(二) 编辑部

主　任：张国春　刘连军　薛增朝　李晓琳

副主任：宋　娜　卢小生　姚冬梅

成　员（按姓氏笔划排序）：

王　宇　吕志成　刘丹华　孙大伟　曲建君　陈　颖　曹　靖
薛万里

国家社会科学基金青年项目（09CJY061）成果

本成果得到国家"985工程优势学科创新平台项目"专项经费的资助

序 一

博士后制度是19世纪下半叶首先在若干发达国家逐渐形成的一种培养高级优秀专业人才的制度,至今已有一百多年历史。

20世纪80年代初,由著名物理学家李政道先生积极倡导,在邓小平同志大力支持下,中国开始酝酿实施博士后制度。1985年,首批博士后研究人员进站。

中国的博士后制度最初仅覆盖了自然科学诸领域。经过若干年实践,为了适应国家加快改革开放和建设社会主义市场经济制度的需要,全国博士后管理委员会决定,将设站领域拓展至社会科学。1992年,首批社会科学博士后人员进站,至今已整整20年。

20世纪90年代初期,正是中国经济社会发展和改革开放突飞猛进之时。理论突破和实践跨越的双重需求,使中国的社会科学工作者们获得了前所未有的发展空间。毋庸讳言,与发达国家相比,中国的社会科学在理论体系、研究方法乃至研究手段上均存在较大的差距。正是这种差距,激励中国的社会科学界正视国外,大量引进,兼收并蓄,同时,不忘植根本土,深究国情,开拓创新,从而开创了中国社会科学发展历史上最为繁荣的时期。在短短20余年内,随着学术交流渠道的拓宽、交流方式的创新和交流频率的提高,中国的社会科学不仅基本完成了理论上从传统体制向社会主义市场经济体制的转换,而且在中国丰富实践的基础上展开了自己的伟大创造。中国的社会科学和社会科学工作者们在改革开放和现代化建设事业中发挥了不可替代的重要作用。在这个波澜壮阔的历史进程中，中国社会科学博士后制度功不可没。

值此中国实施社会科学博士后制度20周年之际，为了充分展示中国社会科学博士后的研究成果，推动中国社会科学博士后制度进一步发展，全国博士后管理委员会和中国社会科学院经反复磋商，并征求了多家设站单位的意见，决定推出《中国社会科学博士后文库》（以下简称《文库》）。作为一个集中、系统、全面展示社会科学领域博士后优秀成果的学术平台，《文库》将成为展示中国社会科学博士后学术风采、扩大博士后群体的学术影响力和社会影响力的园地，成为调动广大博士后科研人员的积极性和创造力的加速器，成为培养中国社会科学领域各学科领军人才的孵化器。

创新、影响和规范，是《文库》的基本追求。

我们提倡创新，首先就是要求，入选的著作应能提供经过严密论证的新结论，或者提供有助于对所述论题进一步深入研究的新材料、新方法和新思路。与当前社会上一些机构对学术成果的要求不同，我们不提倡在一部著作中提出多少观点，一般地，我们甚至也不追求观点之"新"。我们需要的是有翔实的资料支撑，经过科学论证，而且能够被证实或证伪的论点。对于那些缺少严格的前提设定，没有充分的资料支撑，缺乏合乎逻辑的推理过程，仅仅凭借少数来路模糊的资料和数据，便一下子导出几个很"强"的结论的论著，我们概不收录。因为，在我们看来，提出一种观点和论证一种观点相比较，后者可能更为重要：观点未经论证，至多只是天才的猜测；经过论证的观点，才能成为科学。

我们提倡创新，还表现在研究方法之新上。这里所说的方法，显然不是指那种在时下的课题论证书中常见的老调重弹，诸如"历史与逻辑并重"、"演绎与归纳统一"之类；也不是我们在很多论文中见到的那种敷衍塞责的表述，诸如"理论研究与实证分析的统一"等等。我们所说的方法，就理论研究而论，指的是在某一研究领域中确定或建立基本事实以及这些事实之间关系的假设、模型、推论及其检验；就应用研究而言，则指的是根据某一理论假设，为了完成一个既定目标，所使用的具体模型、技术、工具或程序。众所周知，在方法上求新如同在理论上创新一样，殊非易事。因此，我们亦不强求提出全新的理论方法，我们的最低要求，是要按照现代社会科学的研究规范来展开研究并构造论著。

我们支持那些有影响力的著述入选。这里说的影响力，既包括学术影响力，也包括社会影响力和国际影响力。就学术影响力而言，入选的成果应达到公认的学科高水平，要在本学科领域得到学术界的普遍认可，还要经得起历史和时间的检验，若干年后仍然能够为学者引用或参考。就社会影响力而言，入选的成果应能向正在进行着的社会经济进程转化。哲学社会科学与自然科学一样，也有一个转化问题。其研究成果要向现实生产力转化，要向现实政策转化，要向和谐社会建设转化，要向文化产业转化，要向人才培养转化。就国际影响力而言，中国哲学社会科学要想发挥巨大影响，就要瞄准国际一流水平，站在学术高峰，为世界文明的发展作出贡献。

我们尊奉严谨治学、实事求是的学风。我们强调恪守学术规范，尊重知识产权，坚决抵制各种学术不端之风，自觉维护哲学社会科学工作者的良好形象。当此学术界世风日下之时，我们希望本《文库》能通过自己良好的学术形象，为整肃不良学风贡献力量。

李扬

中国社会科学院副院长

中国社会科学院博士后管理委员会主任

2012 年 9 月

序 二

在 21 世纪的全球化时代，人才已成为国家的核心竞争力之一。从人才培养和学科发展的历史来看，哲学社会科学的发展水平体现着一个国家或民族的思维能力、精神状况和文明素质。

培养优秀的哲学社会科学人才，是我国可持续发展战略的重要内容之一。哲学社会科学的人才队伍、科研能力和研究成果作为国家的"软实力"，在综合国力体系中占据越来越重要的地位。在全面建设小康社会、加快推进社会主义现代化、实现中华民族伟大复兴的历史进程中，哲学社会科学具有不可替代的重大作用。胡锦涛同志强调，一定要从党和国家事业发展全局的战略高度，把繁荣发展哲学社会科学作为一项重大而紧迫的战略任务切实抓紧抓好，推动我国哲学社会科学新的更大的发展，为中国特色社会主义事业提供强有力的思想保证、精神动力和智力支持。因此，国家与社会要实现可持续健康发展，必须切实重视哲学社会科学，"努力建设具有中国特色、中国风格、中国气派的哲学社会科学"，充分展示当代中国哲学社会科学的本土情怀与世界眼光，力争在当代世界思想与学术的舞台上赢得应有的尊严与地位。

在培养和造就哲学社会科学人才的战略与实践上，博士后制度发挥了重要作用。我国的博士后制度是在世界著名物理学家、诺贝尔奖获得者李政道先生的建议下，由邓小平同志亲自决策，经国务院批准于1985年开始实施的。这也是我国有计划、有目的地培养高层次青年人才的一项重要制度。二十多年来，在党中央、国务院的领导下，经过各方共同努力，我国已建立了科学、完备的博士后制度体系，同时，形成了培养和使用相结合，产学研相结合，政府调控和社会参与相结合，服务物质文明与精神文明建设的鲜明特色。通过实施博士后制度，我国培养了一支优秀的高素质哲学社会科学人才队伍。他们在科研机构或高等院校依托自身优势和兴趣，自主从事开拓性、创新性研究工作，从而具有宽广的学术视野、突出的研究能力和强烈的探索精神。其中，一些出站博士后已成为哲学社会科学领域的科研骨干和学术带头人，在"长江学者"、"新世纪百千万人才工程"等国家重大科研人才梯队中占据越来越大的比重。可以说，博士后制度已成为国家培养哲学社会科学拔尖人才的重要途径，而且为哲学社会科学的发展造就了一支新的生力军。

哲学社会科学领域部分博士后的优秀研究成果不仅具有重要的学术价值，而且具有解决当前社会问题的现实意义，但往往因为一些客观因素，这些成果不能尽快问世，不能发挥其应有的现实作用，着实令人痛惜。

可喜的是，今天我们在支持哲学社会科学领域博士后研究成果出版方面迈出了坚实的一步。全国博士后管理委员会与中国社会科学院共同设立了《中国社会科学博士后文库》，每年在全国范围内择优出版哲学社会科学博士后的科研成果，并为其提供出版资助。这一举措不仅在建立以质量为导向的人才培养机制上具有积极的示范作用，而且有益于提升博士后青年科研人才的学术地位，扩大其学术影响力和社会影响力，更有益于人才强国战略的实施。

今天，借《中国社会科学博士后文库》出版之际，我衷心地希望更多的人、更多的部门与机构能够了解和关心哲学社会科学领域博士后及其研究成果,积极支持博士后工作。可以预见,我国的博士后事业也将取得新的更大的发展。让我们携起手来,共同努力,推动实现社会主义现代化事业的可持续发展与中华民族的伟大复兴。

人力资源和社会保障部副部长
全国博士后管理委员会主任
2012 年 9 月

摘 要

农民工返乡创业不仅是其个人及家庭的流动,也能为农村剩余劳动力转移增加就业岗位,更能带动资金、技术、信息以及价值观念由城市向农村流动,并促进乡村社会力量的发育。因此,扶持返乡农民工创业是统筹城乡发展的具体实践,也是统筹城乡发展的重要切入点,对于农村经济社会发展和城乡融合意义重大,并且有助于创新和发展"迁移"理论和中国城乡发展理论建构,对其进行系统研究,具有重要的现实意义和理论意义。

本书先剖析了统筹城乡发展的目标与理念、核心战略及实施路径,提出了统筹城乡发展的理论架构,并在此基础上分析了统筹城乡发展与农民工返乡创业的关系,厘清了当前农民工返乡创业实证研究的重点。

随后,基于对10个劳动力输出大省的调查,笔者结合创业相关理论研究,分析了农民工返乡创业的能力和意愿,深入了解作为创业主体或潜在创业主体的农民工的经济社会生活、思想状况与创业意愿,考察其创业所需资源禀赋的拥有情况,以及影响其创业意愿的关键因素。在此基础上,笔者结合大量实地访谈资料,考察了农民工返乡创业实践过程与各地扶持政策的实施情况,分析其中存在的问题和原因,有了以下主要发现和观点:

第一,返乡农民工在资金、技术、信息等创业资源的占有方面总体上处于比较弱势的地位,同时面临知识与能力的不足,且缺乏创业所需的"理性",创业能力总体上处于较低水平。同时,返乡农民工内部分化日益明显,一部分人已经积累了一定的技术、资金、信息和人脉，而且在底层、边缘的社会生活中磨炼出了创业所需的"韧性"。

第二，与这种客观的创业能力较弱相比，返乡农民工群体主观上的创业意愿却要强烈得多。相对年轻、现代性水平较高、有配偶的农民工更具有返乡创业倾向。同时，自认为处于较低社会经济地位的返乡农民工返乡创业的意愿显著高于自认为经济状况处于相对高水平的个体。另外，是否享受当地政府对返乡农民工的扶持政策与农民工返乡创业意愿并无显著关系，政策作为一种外生变量的贡献十分有限。

第三，农民工创业实践呈现若干共性特征。从动机上看，农民工创业以生存型创业为主，但是机会型创业总量亦在增大；从路径上看，农民工创业以经验型创业为主，总体上对资本和政策的驾驭意识及能力相对较弱；从行业分布上看，目前农民工返乡创业主要集中在种养殖、辅助性加工制造和生活性服务业。同时，创业农民工的特征与高创业意愿农民工群体特征保持了一致性。但是，那些获得较大成功的，尤其是机会型创业的农民工群体，相对而言年龄更大，而且往往具有相对稳定的婚姻和明显较高的市民化水平。另外，农民工返乡创业活动中能人经济和"专制"色彩明显，极少以"团队"为主体开始创业。

第四，统筹城乡发展对于农民工返乡创业既存在促进作用，也形成了排挤效应。一方面，统筹城乡发展带动中西部地区基础产业和基础设施投资迅速增长，优化了中西部地区的创业环境，使得价值情感和社会网络对创业农民工的拉力增大。而金融危机则进一步创造了一个"调整期"，使许多创业者注意到中西部地区创业环境的优化，并且更加理性地考虑创业阵地的选择，从而在很大程度上推动了农民工返乡创业。另一方面，统筹城乡发展也使得大规模资本在政府支持下进入乡村，挤压了农民工创业的空间和资源。

第五，农民工创业扶持政策体系完善、实效较差，原因复杂。农民工创业培训、税费优惠、贷款支持等一系列扶持性政策常常脱离或者超越农民工创业的实际需求，且在实施过程中面临诸多障碍，对于创业促进和新兴企业发展的作用十分有限。

原因在于，国家更加重视"稳定"层面的问题，在扶持农民工创业等"发展"层面的政策上常常缺乏具体目标和落实路径指导，政策统筹层次较低，基层政府落实政策具有很大的灵活性。由于农民工创业对地方经济增长和就业贡献甚微，基层政府常常习惯性地采用"树立典型+加强宣传"的策略来落实相关政策。需要注意的是，在当前新型传媒发展迅速并逐渐普及的情况下，这种策略进一步强化了基层政府与民众之间的紧张关系。

第六，从统筹城乡发展的目标和理念来看，当前扶持农民工返乡创业政策常常是不公平的，并且在实施过程中形成了一种暗含风险的秩序认同，且大多数政策不具备可持续性，有些已经被终止，有些则被纳入其他政策或者成为其他政策的附属政策。

基于这些认知，笔者在统筹城乡发展背景下构建了一个农民工返乡创业扶持政策体系，具体内容包括：①建设两大操作平台：返乡农民工创业潜质评价系统，创业项目评价系统。②抓好四大重点领域：创业资金与金融支持；学校创业教育；创业服务；鼓励合作型创业。③主动对接相关政策：主动将农民工返乡创业扶持政策与国家人才政策等对接，弥补农民工创业"短板"。④建设两大基础工程：同源化人口综合跟踪管理信息系统、个人综合信用管理系统。

关键词：返乡创业　农民工创业　农民工回流　统筹城乡发展

Abstract

Encouraging migrant workers to return hometown for starting a business is not only a mobility of individuals or families, but also increases employment opportunities in transferring the rural surplus labor force, bringing flows of capital, technology, information and values from urban to rural areas and promoting the development of rural social forces. Therefore, supporting migrant workers return home for entrepreneurship is a concrete practice and a starting point of overall urban and rural development. Since this is important to rural economic, social development and the integration of urban and rural areas, and is helpful for innovation and development of "migration" theory as well as theoretical construction of Chinese urban and rural areas development, a systematic study is significant practically and theoretically.

This book analyzes goal, concept, core strategy and implement path of the overall development of urban and rural areas, presenting a theoretical framework. Based on that, the book discusses about the relation between overall development of urban and rural areas and home business by returning-home migrant workers, clarifying the key point of current empirical study upon this group.

Subsequently, based on a survey of 10 provinces with large amount output of workforce, the author, combining theoretical research of venture, analyzes the migrant workers' ability and willingness to start a business, delves into the economic and social life, ideological status and entrepreneurial will of migrant workers who are the (potential) main body of venture, and investigates into their ownership of resources required and key factors which may affect their entrepreneurial intention. On this basis, the author, using a large number of field interviews, examines the process of business practices of returning-home migrant workers and the implementation of supporting policies, analyzes the existing problems and causes and then forms the following major findings and views:

First, returning-home migrant workers are in a relatively vulnerable position in capital, technology, information and other resources on venture, and because of a lack of knowledge, ability and entrepreneurial required "rational", their entrepreneurship is generally in a lower level. Meanwhile, internal differentiation within migrant workers is increasing, with some people who have accumulated a certain amount of technology, capital, information and social network, acquiring "toughness" required in entrepreneurship through a bottom and marginal social life experience.

Second, compared to their relatively weaker entrepreneurial ability, home-returning migrant workers have a much stronger willingness towards entrepreneurship, especially those workers with younger age, higher level of modernity and spouses. Meanwhile, migrant workers who consider themselves in a lower socio-economic status have higher willingness towards venture than those individuals who consider themselves at a relatively higher level of economic status. Also, there is no significant relation between entrepreneurial willingness of migrant workers' and supports of local government policies, indicating these policies' contribution is rather limited as an exogenous variable.

Third, migrant workers' entrepreneurial practice share certain features in common. From the perspective of motivation, most migrant workers start a business in order to survive, while the amount of opportunity entrepreneurship is also increasing. From the perspective of path, most entrepreneurships are experience-based and migrant workers' overall awareness and capacity of mastering capital and policy are relatively weak. From the perspective of industry, planting, aquaculture, auxiliary manufacturing and consumer services are the main fields of the home-returning business. Besides, migrant workers who really start a business and those who have a strong entrepreneurial willingness have a consistency in characteristics. However, those who gain a success, especially in an opportunity entrepreneurship, are more likely to be those with an elder age, a more stable marriage and a higher level of citizenization. In addition, far from relying on teamwork or collaboration, a significant feature of home-returning business is hotshots-oriented and even authoritarian.

Fourth, overall urban and rural development has both promotional and crowing-out effects upon home-returning business of migrant workers. On one hand, through the overall urban and rural development, investment in basic industries and infrastructure has been increasing rapidly in Central and Western China, optimizing local entrepreneurial environment and attracting migrant worker entrepreneurs by emotional value and social network. Also, during the financial crisis which created an "adjustment period", more entrepreneurs started to concern the improvement of entrepreneurial environment in Central and Western China and became more rational in location selection, thus promoting a lot to migrant workers' returning-home business. On the other hand, in the overall urban and rural development, a government-supported massive capital inflow towards rural area is actually squeezing the space and resources needed in migrant workers' entrepreneurship.

Fifth, complex reasons lead to the ineffectiveness of supporting policies (though seemingly comprehensive) for migrant workers' entrepreneurship. Supporting policies such as entrepreneurship training, tax privilege and preferential loan usually go beyond the actual needs of migrant workers' entrepreneurship and, due to certain obstacles in implementation, their contribution towards entrepreneurs and start-up companies is actually limited. The reason is that the national government pays more attention to "stability" than "development" in supporting migrant worker entrepreneurs. This results in a low level of overall policy planning and policies often lack specific goals or instructions on practice, leaving possibilities for local governments to make an implement deviation. Since migrant workers' entrepreneurship currently contributes little to the growth of local economy and employment, local governments habitually implement the supporting policies merely by meanings of "setting an example & media coverage". It is worth noting that this kind of strategy may exacerbate the tension between people and local government, especially when new media is now booming and increasingly universal.

Sixth, concerning the objectives and ideas of overall urban and rural development, unfairness exists in these supporting policies and a risky identification about order has already formed during implementation. Meanwhile, most policies are unsustainable and have been already suspended or incorporated into other policies as subsidiaries.

Based on these understandings, the author, under the background of overall planning of urban and rural development, constructs a supporting policy system for home-returning entrepreneurship, which specifically includes: ① The construction of two platforms: the home-returning migrant workers entrepreneurial potential evaluation system and entrepreneurial project evaluation system. ② More attention to four key areas: capital and financial support; entrepreneurship education; entrepreneurship services; encouraging cooperative entrepreneurship. ③ A tighter connection with relevant policies: relate these supporting policies to national talents policy, compensate for migrant workers' disability in entrepreneurship. ④ The construction of two major infrastructure projects: a comprehensive homologous population tracking and management information system and an integrated personal credit management system.

Key words: Home Business; Migrant Workers Entrepreneurship; Migrant Workers' Home-returning; Balancing Urban and Rural Development

目 录

第一章 绪 论 ·· 1

  第一节 问题的提出 ·· 1

  第二节 研究综述 ··· 3

    一、创业的含义及研究领域 ··· 3

    二、经典创业模型回顾与总结 ·· 7

    三、农民工创业研究综述 ·· 9

  第三节 研究框架与路线 ·· 12

  第四节 数据与资料 ··· 15

第二章 统筹城乡发展与扶持返乡农民工创业 ·································· 17

  第一节 统筹城乡发展的理论架构 ··· 17

    一、中国统筹城乡发展战略的提出与实践 ································· 18

    二、统筹城乡发展的思想渊源与国际经验 ································· 19

    三、统筹城乡发展研究进展与共识 ·· 20

    四、统筹城乡发展的理论架构 ··· 23

  第二节 统筹城乡发展背景下的扶持农民工返乡创业 ······················ 25

    一、统筹城乡发展与农民工返乡创业 ······································· 26

    二、统筹城乡发展与农民工返乡创业研究 ································ 28

    三、统筹城乡发展背景下的扶持农民工返乡创业政策

        评估 ··· 29

第三章 返乡农民工创业能力分析 ··· 31

  第一节 返乡农民工的基本特征 ·· 32

一、返乡农民工的人口学特征 …………………………………… 32
　　二、返乡农民工的外出务工经历 ………………………………… 33
　　三、返乡农民工的生活状况 ……………………………………… 35
　　四、返乡农民工的思想状况 ……………………………………… 38
第二节　返乡农民工就业变动性分析 ………………………………… 44
　　一、问题陈述 ……………………………………………………… 44
　　二、模型方法 ……………………………………………………… 46
　　三、农民工转换工作频率分析 …………………………………… 47
　　四、外出间隔时间分析 …………………………………………… 48
　　五、第一、第二次外出时间间隔的事件史分析 ………………… 49
　　六、小结 …………………………………………………………… 50
第三节　返乡农民工的创业资源禀赋分析 …………………………… 51
　　一、返乡农民工创业的经济资本分析 …………………………… 52
　　二、返乡农民工创业的人力资本分析 …………………………… 54
　　三、返乡农民工创业的社会资本分析 …………………………… 59
第四节　创业资源禀赋对创业行为的影响分析 ……………………… 62
　　一、研究方法 ……………………………………………………… 62
　　二、研究设计 ……………………………………………………… 62
　　三、结果与讨论 …………………………………………………… 63
第五节　返乡农民工的创业能力总结 ………………………………… 66

第四章　农民工返乡创业意愿及影响因素分析 ………………… 69

第一节　返乡农民工的自我认知与期望 ……………………………… 69
　　一、返乡农民工外出务工动机 …………………………………… 69
　　二、外出务工目标实现情况 ……………………………………… 71
　　三、农民工返乡原因分析 ………………………………………… 73
　　四、返乡农民工的未来打算 ……………………………………… 75
第二节　农民工返乡创业的意愿分析 ………………………………… 77
第三节　农民工返乡创业意愿的影响因素 …………………………… 78
　　一、研究设计 ……………………………………………………… 78
　　二、结果与讨论 …………………………………………………… 80
　　三、小结 …………………………………………………………… 84

第五章　农民工返乡创业的过程分析 …… 87

第一节　农民工返乡创业过程分析框架 …… 87
第二节　农民工返乡创业决策动力分析 …… 88
第三节　农民工返乡创业维持过程分析 …… 94
一、经验主导型 …… 95
二、资金主导型 …… 96
三、政策主导型 …… 97
第四节　农民工返乡创业形态分析 …… 98
一、产业分布 …… 98
二、组织模式 …… 99
第五节　金融危机对农民工返乡创业的影响 …… 100
第六节　农民工返乡创业的主要特征 …… 101

第六章　农民工返乡创业的政策环境与政策实践 …… 103

第一节　扶持农民工返乡创业政策的基本体系 …… 103
一、国家层面的扶持政策 …… 103
二、地方扶持政策 …… 104
三、基本政策体系 …… 109
第二节　返乡农民工对扶持政策的了解情况 …… 110
一、返乡农民工对扶持政策的知晓程度 …… 111
二、返乡原因对政策知晓情况的影响 …… 112
三、未来打算对政策知晓情况的影响 …… 113
四、政策知晓率：嵌入基层政府民众关系的结构性偏低 …… 114
第三节　返乡农民工享受扶持政策情况 …… 116
一、返乡农民工享受扶持政策基本情况 …… 116
二、各类扶持政策落实情况分析 …… 117
三、返乡农民工对扶持政策的效果认知 …… 119
第四节　返乡农民工创业扶持政策实施中的问题 …… 119
一、创业培训政策：需求缺失与供给不顺 …… 120
二、资金支持政策：制度纳入与现实排斥 …… 121

三、贷款支持政策：担保瓶颈与行业局限 …………… 122
　　四、农民工创业园：资源难题与寻租风险 …………… 125
第五节　扶持政策对于农民工返乡创业的作用 …………… 126

第七章　结论与政策思考 …………………………………… 129
第一节　统筹城乡发展对农民工返乡创业的效应初探 …… 129
第二节　农民工返乡创业扶持政策实施现状及评价 ……… 131
　　一、农民工返乡创业扶持政策实施困境 ……………… 131
　　二、基于统筹城乡发展战略的评价 …………………… 132
第三节　统筹城乡发展背景下的农民工返乡创业扶持政策
　　　　体系构建 ………………………………………… 134
　　一、返乡农民工的分化与创业潜质评价系统建设 …… 135
　　二、农民工返乡创业扶持的重点领域 ………………… 138
　　三、农民工返乡创业政策与相关政策的对接 ………… 139
　　四、农民工返乡创业扶持基础工程建设 ……………… 140

附录：调查问卷 …………………………………………… 143

参考文献 …………………………………………………… 157

索　引 ……………………………………………………… 163

后　记 ……………………………………………………… 169

Contents

1 Introduction ·· 1
   1.1 Presentation of the Question ·· 1
   1.2 Research Summary ·· 3
        1.2.1 Definition and Research Field of Entrepreneurship ·········· 3
        1.2.2 Classical Model of Entrepreneurship ····························· 7
        1.2.3 Research Summary of Migrant Workers'
              Entrepreneurship ··· 9
   1.3 Research Framework and Method ······································ 12
   1.4 Data and Materials ··· 15

2 Supporting Returning-home Migrant Workers' Entrepreneurship and
   National Overall Planning of Urban and Rural Development ······ 17
   2.1 Theoretical Frameworks of National Overall Planning of Urban
        and Rural Development ··· 17
        2.1.1 Presentation and Practice ··· 18
        2.1.2 Ideological Origin and International Experience ············ 19
        2.1.3 Research Progress and Consensus ································· 20
        2.1.4 Theoretical Frameworks ··· 23
   2.2 Supporting Entrepreneurship of Returning-home Migrant
        Workers ·· 25
        2.2.1 Entrepreneurship of Returning-home Migrant
              Workers ·· 26
        2.2.2 Relevant Researches ·· 28

  2.2.3 Evaluation of Supporting Policies ········· 29

3 Evaluation of Returning-home Migrant Workers' Entrepreneurial Ability ········· 31

 3.1 Basic Characteristics of Returning-home Migrant Workers ········· 32
  3.1.1 Demographic Characteristics ········· 32
  3.1.2 Working Experience ········· 33
  3.1.3 Living Conditions ········· 35
  3.1.4 Ideological State ········· 38
 3.2 Analysis of Returning-home Migrant Workers' Employment Change ········· 44
  3.2.1 Problem Statement ········· 44
  3.2.2 Model and Method ········· 46
  3.2.3 Analysis of Frequency of Changing Jobs ········· 47
  3.2.4 Analysis of Time Interval ········· 48
  3.2.5 Event History Analysis of Time Interval between First and Second Migrant Work ········· 49
  3.2.6 Conclusions ········· 50
 3.3 Analysis of Resource Endowment of Returning-home Migrant Workers ········· 51
  3.3.1 Economical Capital ········· 52
  3.3.2 Human Capital ········· 54
  3.3.3 Social Capital ········· 59
 3.4 Analysis of Resource Endowment's Influence on Entrepreneurial Behavior ········· 62
  3.4.1 Research Method ········· 62
  3.4.2 Research Design ········· 62
  3.4.3 Results and Discussions ········· 63
 3.5 Summary of Returning-home Migrant Workers' Entrepreneurial Ability ········· 66

Contents

4 Analysis of Migrant Workers' Entrepreneurial Will and Its Influencing Factors 69

    4.1 Migrant Workers' Self Cognition and Self Expectation 69
        4.1.1 Motivation of Migrant Work 69
        4.1.2 Realization of Working Goals 71
        4.1.3 Cause Analysis of Migrant Workers' Returning Home 73
        4.1.4 Future Plans of Migrant Workers 75
    4.2 Analysis of Returning-home Migrant Eorkers' Entrepreneurial Will 77
    4.3 Influencing Factors of Migrant Workers' Entrepreneurial Will 78
        4.3.1 Research Design 78
        4.3.2 Results and Discussions 80
        4.3.3 Conclusions 84

5 Process Analysis of Entrepreneurship of Returning-home Migrant Workers 87

    5.1 Entrepreneurial Process Analysis Framework 87
    5.2 Entrepreneurial Decision and Motivation Analysis 88
    5.3 Entrepreneurial Maintenance Process Analysis 94
        5.3.1 Experience-oriented 95
        5.3.2 Capital-oriented 96
        5.3.3 Policy-oriented 97
    5.4 Formation Analysis of Entrepreneurship of Returning-home Migrant Workers 98
        5.4.1 Industrial Distribution 98
        5.4.2 Organization Mode 99
    5.5 Influence from Financial Crisis 100
    5.6 Conclusions: Main Characteristics of Entrepreneurship of Returning-home Migrant Workers 101

6 Policy Environment and Practice ⋯⋯ 103

6.1 Supporting Policy System for Migrant Workers' Entrepreneurship ⋯⋯ 103
6.1.1 National Supporting Policies ⋯⋯ 103
6.1.2 Local Supporting Policies ⋯⋯ 104
6.1.3 Basic Policy System ⋯⋯ 109

6.2 Migrant Workers' Comprehension of Supporting Policies ⋯⋯ 110
6.2.1 Migrant Workers' Knowledge Status of Supporting Policies ⋯⋯ 111
6.2.2 Returning-home Reasons' Influence on Knowledge Status ⋯⋯ 112
6.2.3 Future Plans' Influence on Knowledge Status ⋯⋯ 113
6.2.4 Reasons of a Low Understanding Rate ⋯⋯ 114

6.3 Supporting Policy Enjoyment among Migrant Workers ⋯⋯ 116
6.3.1 Basic Situation of Supporting Policy Enjoyment ⋯⋯ 116
6.3.2 Implement of Supporting Policies ⋯⋯ 117
6.3.3 Migrant Workers' Understanding of Supporting Policy Effect ⋯⋯ 119

6.4 Problems in Implement of Supporting Policies ⋯⋯ 119
6.4.1 Entrepreneurial Training Policy: Unbalance of Supply and Demand ⋯⋯ 120
6.4.2 Financial Supporting Policy: Contradictory Conflict between Institution and Reality ⋯⋯ 121
6.4.3 Loaning Supporting Policy: Problems in Guarantee and Industrial Limitation ⋯⋯ 122
6.4.4 Migrant Workers' Pioneering Zone: Problem in Resources and Rent-seeking ⋯⋯ 125

6.5 Conclusions: Supporting Policy's Influence on Migrant Workers' Entrepreneurship ⋯⋯ 126

Contents

7   Conclusions and Policy Consideration 129

  7.1   Influence from National Overall Planning of Urban and Rural Development on Migrant Workers' Entrepreneurship 129

  7.2   Implement and Evaluation of Supporting Policy 129

      7.2.1   Obstacles of Supporting Policy Implement 131

      7.2.2   Evaluation on Migrant Workers' Entrepreneurship under National Overall Planning of Urban and Rural Development 132

  7.3   Supporting Policy System under National Overall Planning of Urban and Rural Development 134

      7.3.1   Construction of Categorization and Entrepreneurial Potential Evaluation System 135

      7.3.2   Priority Areas of Supporting Policy 138

      7.3.3   Coordination of Supporting Policies and Relevant Policies 139

      7.3.4   Foundational Supporting Project of Migrant Workers' Entrepreneurship 140

Appendix: Questionnaire 143

References 157

Index 163

Acknowledgements 169

第一章 绪 论

第一节 问题的提出

2004年以来,中共中央、国务院连续7年发布以"三农"(农业、农村、农民)为主题的一号文件,强调了"三农"问题在国家经济、政治与社会发展中的核心地位。其中,稳定和促进农民就业、增加农民收入一直是政策的重点内容,而扶持农民创业,实现创业富民、创业带动就业的战略也逐渐被提上日程。

2004年的一号文件《中共中央国务院关于促进农民增加收入若干政策的意见》重点关注"农民",提出了"要加强创业扶持和服务",但主要是针对"新办的中小型农副产品加工企业",同时还在文末提出"要激发广大农民群众艰苦创业的积极性,发扬自强不息的精神,通过辛勤劳动走上富裕之路"。2005年的一号文件《中共中央国务院关于进一步加强农村工作提高农业综合生产能力若干政策的意见》则重点关注"农村"和"农业"问题,没有专门论及农民就业创业问题。2006年,国家开始大力推进社会主义新农村建设,2006年的一号文件《中共中央国务院关于推进社会主义新农村建设的若干意见》也没有专门提及农民创业的问题。

2007年年始,国家开始逐渐重视对农民创业的扶持,并且在重点扶持对象和目标上出现了变化。一号文件《国务院关于积极发展现代农业扎实推进社会主义新农村建设的若干意见》专门就"培养新型农民,造就建设现代农业的人才队伍"做出论述,明确指出"采取各类支持政策,鼓励外出务工农民带技术、带资金回乡创业,成为建设现代农业的带头人",将农民工作为创业扶持政策的重点对象,并且将扶持农民工返乡创业与现代农业建设紧密联系起来。

　　此后，扶持农民工返乡创业政策的意义不断被拓展，逐渐被纳入促进农村发展、农业增效、农民增收的重要战略。2008年中央一号文件《中共中央国务院关于切实加强农业基础建设进一步促进农业发展农民增收的若干意见》指出"加快提高农民素质和创业能力，以创业带动就业，实现创业富民、创新强农"，"要通过非农就业增收，提高乡镇企业、家庭工业和乡村旅游发展水平，增强县域经济发展活力，改善农民工进城就业和返乡创业环境"。

　　2008年下半年，国际金融危机持续蔓延，对我国经济的影响日益加深，加工贸易等劳动密集型产业首当其冲，导致相当数量的农民工失业返乡。返乡农民工在家乡就业大致有三条出路：重新务农、就近务工和创业。显然，返乡农民工创业无疑是中央和地方政府最愿意看到的结果，这不仅可以解决其个人及其家庭成员的就业和增收，还可能上缴税费并吸纳农村剩余劳动力转移就业，成为促进当地居民增收、加快当地城镇化进程、改善乡村面貌的重要力量，同时也就自然而然地弱化了金融危机对我国经济增长和社会稳定的冲击。基于此，2008年12月20日下发的《国务院办公厅关于切实做好当前农民工工作的通知》明确指出："按照国家有关规定，抓紧制定扶持农民工返乡创业的具体政策措施，引导掌握了一定技能、积累了一定资金的农民工创业，以创业带动就业。"随后举行的中央农村工作会议再次强调"积极支持农民工返乡创业"，并具体指出要"从贷款发放、税费减免、工商登记、信息咨询等方面予以支持"。

　　2010年的一号文件《中共中央国务院关于加大统筹城乡发展力度进一步夯实农业农村发展基础的若干意见》更是进一步提升了扶持返乡农民工创业的战略意义，明确指出要"完善促进创业带动就业的政策措施，将农民工返乡创业和农民就地就近创业纳入政策扶持范围"。

　　可以看到，在国家政策话语中，扶持农民创业的战略意义已经逐渐凸显，其不仅可以直接促进农民就业增收，而且可以为现代农业发展积累人力资本，促进农村地区协调发展，从而提高劳动力输出地的经济发展和城市化水平。与此同时，在国家大力推进社会主义新农村建设、统筹城乡发展的背景下，扶持农民工返乡创业逐渐成为扶持农民创业的重点。显然，农民工外出务工的经历，几乎必然性地带来资金、知识、技术、信息、社会资本等创业要素的积累，扶持农民工返乡创业具有更强的有效性和可行性。

从理论上说，一方面，扶持农民工返乡创业无疑有利于农村地区各种资源的有效整合，促进内生性的经济与就业增长，并且可以在很大程度上减少劳动力输出地的摩擦性失业和结构性失业。另一方面，中国经由独特的二元经济发展模式实现持续 30 余年高速增长的同时，劳动力市场也发生了巨大的转变，中国经济将迎来其发展的"刘易斯转折点"，即劳动力无限供给的特征也将逐渐消失[1]，扶持农民工返乡创业以充分转移农村劳动力的条件也逐渐成熟。

　　那么，扶持返乡农民工创业工作的成效如何？存在什么问题？当前农民工返乡创业的能力与意愿如何？农民工是否充分了解和理解相关政策？实施情况是否达到预期目标？如何从统筹城乡发展的战略高度，构建有利于农民工返乡创业并取得实效的政策体系？这些问题都是本书重点关注的。

第二节　研究综述

一、创业的含义及研究领域

　　西方早期研究对于创业的定义主要是从创业结果上去认识的，例如 Schumpeter 将创业视为新产品、新工艺、新组织和新市场的组合[2]，Low 和 MacMillan 则将创业定义为新企业的创建[3]。晚近的研究则更多地从创业机制和过程去定义创业，最具代表性的认识是将创业视为追踪和捕获机会的过程[4]。这种认识丰富了创业的内涵，正如 Timmons 指出的，创业已经超越了传统的创建企业的概念，在各种形式、各个阶段的公司和组织中都存在创业活动[5]。本书对"创业"的认识，也坚持这种相对广义的理解，将创业

---

[1] 蔡昉：《刘易斯转折点——中国经济发展新阶段》，社会科学文献出版社 2008 年版。
[2] Schumpeter J., *The Theory of Economic Development*, Harvard University Press, 1934.
[3] Low M. B. and I. C. MacMillan, "Entrepreneurship: Past Research and Future Challenges", *Journal of Management*, Vol. 14, No. 2, 1988.
[4] Stevenson H. H., M. Roberts and H. Grousbeck, *New Business Ventures and the Entrepreneur*, Homewood, IL: Irwin, 1989.
[5] Timmons Jeffry A., *New Venture Creation*, 5 ed., Singapore: McGraw-Hill, 1999.

视为创业者发现和捕捉商业机会、整合各种资源以创造价值的过程,其常常表现为创造用于交易的产品或服务。

"创业"含义的拓展,与创业研究的蓬勃发展是密不可分的。尤其是近几十年来,创业现象受到了经济学、社会心理学、社会文化学、管理学等学科的密切关注,形成了丰硕的研究成果。Stevenson 和 Jarillo-Mossi 将这些研究成果分为三类:①研究当创业者行动时,会导致什么?②研究创业者为什么行动。③研究创业者怎样行动①。这种从创业主体角度进行的总结和梳理,主要关注了创业结果、创业动因和创业过程。本书认为,这种梳理基本遵循了创业研究发展的逻辑和学科视角的差异,早期的研究更加关注创业结果,主要以经济学视角为主,后来的研究则更多地关注创业动因,既包括创业者个性、素质、意图等,也关注环境的影响,体现了社会心理学和社会文化学的视角;晚近的研究则更多地将创业视为一个系统过程,关注各种研究对象的联系与作用,更多地融入了管理学的视角。

事实上,对创业研究进行总结分类,体现了学者在创业研究重点关注上的认识。类似的创业研究归纳还有很多,分别强调了不同的创业要素。例如,在 Shane 和 Venkataraman 看来,创业就是发现和利用机会的过程,他们以"机会"为线索总结了创业研究,认为创业研究涉及机会发现过程、机会评价过程和机会开发过程②。另外,资源(包括人力资源、物质资源等)、组织、政策、文化环境等,都作为具体的创业要素受到了关注。正因为如此,西方学界形成了一系列创业相关问题研究,包括创业动因、创业环境、创业管理、创业机会、创业周期,等等③。对不同创业要素的强调,一方面体现了学科视角的差异,另一方面也与创业实践的发展有关。创业本身就是一种创新活动,本身就需要突破原有的模式才能获得成功,还要受技术、市场、体制和文化环境的影响,这就决定了微观层次的创业实践千差万别。

尽管如此,从研究的切入点来看,这些研究比较清晰地集中在创业者、创业过程、创业环境三个领域。

---

①③ Stevenson H. H. and J. C. Jarillo-Mossi, "A Paradigm of Entrepreneurship: Entrepreneurial Management", *Strategic Management Journal*, 11, special issue, summer 1990.
② Shane S. and S. Venkataraman, "The Promise of Entrepreneurship as a Field of Research", *Academy of Management Review*, Vol. 25, No.1.

对于创业者的研究，多数研究主要关注创业者的特征，包括人格特质、心理特征、能力和行为等，希望通过归纳创业者的共性，讨论为什么有的人会创业而有的人不会，以及为什么有的人能成功而有的人不能。早期的研究十分强调人格和心理层面的特征对创业的重要性，例如，McClelland 重点关注了创业者的动机，认为对成就感的需要最为关键[①]。Mitton 长期坚持对创业者进行跟踪调查，认为对创业者本身进行研究是研究创业的最好手段，并且总结了创业者 7 个方面的共同点：①不断积累经验；②系统的思考习惯；③愿意接受挑战；④喜欢竞争；⑤是事业蓝图的描绘家；⑥行动果断；⑦一直追求巨大和持久的改变[②]。Markman 等则通过调查证实了创业者的社会能力，例如认知他人、印象管理、面对面沟通能力等，对创业发挥的积极作用[③]。同时，也有研究从创业者心理层面分析创业意愿或者创业决策是如何形成的。还有研究十分关注创业者社会资本对于创业活动的影响，主要体现在对创业者社会网络的研究。社会网络之所以能对创业发挥影响，是因为社会网络是一种信息共享和资源获得的途径，其特征包括网络倾向、网络活跃性、网络密度、网络非正式性[④]，这些特征的组合，形成了对创业活动的不同影响。

关于创业过程的研究，早期的研究主要关注新企业的创建过程，后来的研究则将新创企业的成长也纳入创业的过程。姚梅芳对现有文献进行了梳理，指出"多数研究认为企业创立过程是一个从机会识别到第一次销售的线性的、单一的过程"，而近年来"也出现了一些复杂企业创生理论，认为企业创生是一个非线性的过程"，前者如 Katz 等提出的企业生成四阶段：①有意识地收集组织建立的信息；②努力确立组织边界使创业企业凸显出来，如形成法人组织、建立管理条例、购置办公场所和设施等；③获取组织运作的资金；④与供应商、顾客进行交换，建立最初的商品或劳务供给。例如，Jianwen Liao 基于数据挖掘分析发现，高技术企业的生成过

---

① McClelland David., *The Achieving Society*, Princeton: Van Nostrand, 1961.
② Mitton Daryl G. and Betty Lilligren Mitton, *Managerial Clout: Take Action, Get Results, Influence People and Events*, Cranbury, NJ: Prentice Hall, 1980.
③ Markman Gideon D. and Robert A. Baron, "Person-Entrepreneurship Fit: Why Some People Are More Successful Asentrepreneurs than Others", *Human Resource Management Review*, Vol. 13, 2003.
④ Aldrich H. E. and C. Zimmer, "Entrepreneurship through Social Networks", in D. L. Sexton and R. W. Smilor, eds. *The Art and Science of Entrepreneurship*, Cambridge, MA: Ballinger, 1986.

程并不是一个简单的线性模型，企业生成的发展阶段难以划分，并不具有统一的划分标准①。关于创业周期的研究，主要集中在这一领域。

创业环境领域的研究，则主要探讨文化环境、政策环境、融资环境、社会网络等宏观层面和中观层面的因素对于创业活动的影响。古典时期著名社会学家马克斯·韦伯是文化与创业关系研究的先驱者。在其名著《新教伦理与资本主义精神》中，韦伯从工商业精英大多信奉新教这一事实出发，指出新教所提倡的个人主义、进取精神、禁欲主义等构成了现代资本主义精神的基础，而资本主义未在中国和印度兴起在很大程度上正是由于文化中缺乏这种精神②。同时，政策对于创业活动的影响也越来越受到关注，尤其是对创业政策方向和焦点的讨论越来越多。例如，Stevenson 基于对 6 个欧盟国家和 4 个亚太国家的比较考察，从动机、技能和机会三个层面，提出创业政策的目标应该指向六个方面：①增进创业文化；②开展创业教育；③降低创业进入门槛；④为初创者提供融资支持；⑤提供商业支持；⑥提高企业家的参与水平③。关于融资环境的问题，已有研究主要关注了创业融资方式（内容融资和外部融资），以及在企业不同成长阶段融资方式的变化④，还有研究指出，风险投资是创业融资的重要渠道⑤。

总的来说，由于创业本身是一项十分复杂且具有偶然性的社会活动，影响创业的很多外部因素常常具有不确定性，而创业者自身的认知、态度和实际创业的行为也未必一致，这就决定了创业研究常常只能是基于基本逻辑和经验观察的实证研究。从这个角度来讲，创业者、创业过程和创业环境都属于实证研究相对容易切入的方面。这三者并非是相互独立的，而是密切关联的，甚至相互之间的边界并非那么清晰，例如前文提到的社会网络，既可以视为创业者的一种资源禀赋，也可视为创业者所处的中观层面的社会环境。当然，相对弄清创业活动的事实和规律而言，这并不是那么重要。正因为如此，本书对于农民工创业的研究也大体遵循这一路径。

---

①⑤ 姚梅芳：《基于经典创业模型的生存型创业理论研究》，吉林大学博士学位论文，2007 年。
② ［德］马克斯·韦伯：《新教伦理与资本主义精神》，于晓等译，三联书店 1987 年版。
③ Stevenson Lois, Anders Lundstrom, *Entrepreneurship Policy for the Future*, Swedish Foundation for Small Business Research, 2001.
④ Timmons Jeffry A., *New Venture Creation*, 5 ed., Singapore: McGraw-Hill, 1999.

二、经典创业模型回顾与总结

前文已经对创业活动的要素进行了一些总结。从本质上说,任何创业活动都可以视为各种创业要素的关联和互动。由于创业活动的复杂性,在不同的创业活动中,发挥关键作用的要素、各要素的组合形态与平衡关系、要素发挥作用的时序存在差异。正是基于对不同类型创业活动的考察,创业研究领域形成了若干经典创业模型。

1. Gartner 模型[①]

Gartner 认为创业即新组织的组织过程,即将各个相互独立的要素组成合理的序列并产生期望的价值。Gartner 提出的创业模型强调四个要素的相互作用:①创业者个人或群体,包括其心理动机、性格特质和经历(在 Gartner 看来,那些渴望成就感、敢于冒险、经历丰富的创业者更容易获得成功);②组织的类型,包括创业目标指向的组织内部的结构以及组织的战略;③创业的过程,包括识别商业机会、聚集创业资源、建立团队、开始产品生产、对政府和社会做出回应等步骤;④创业环境,包括技术因素、市场因素、政府因素、交通因素、人口因素等。

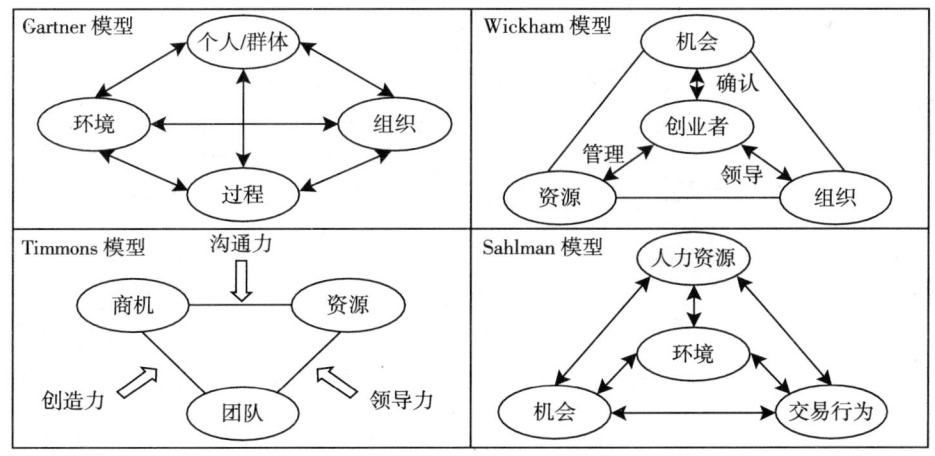

图 1-1 经典创业模型

---

① Gartner William. B., "A Conceptual Framework for Describing the Phenomenon of New Venture Creation", *Academy of Management Review*, Vol.10, No.4, 1985.

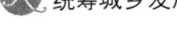

2. Wickham 模型①

与 Gartner 模型不同，Wickham 模型将创业者置于创业活动的核心地位。在 Wickham 看来，创业是创业者与创业机会、资源、组织相互联系的过程，创业者的任务就是通过识别和确认创业机会、有效管理创业资源、领导创业组织，实现各要素间的协调和动态平衡。因而，资源、机会和组织三个要素之间也是相互关联的。同时，创业活动是一个不断学习的过程。通过学习，可以不断调整各要素间的关系，从而实现动态性平衡，成功创业。

3. Timmons 模型②

Timmons 认为，创业是商业机会、资源和创业团队三者的互动，成功的创业必须使这三者匹配，并且能够随着创业发展进行达到动态平衡。在 Timmons 看来，创业的不同时期，通常需要不同的要素发挥关键作用。在创业前期，商业机会的挖掘和把握最为重要；创业进入实践后，创业团队则变得至关重要；创业顺利启动后，资源的需求则开始增大。创业者必须把握这些规律，随时调整创业活动的中心，使商机、团队和资源保持匹配。在创业过程中，由于受到机会的模糊性、市场的不确定性、资本市场环境和外在环境变迁等因素的影响，创业过程充满风险，必须依靠创业者的领导力、创造力和沟通能力来应对各种问题。

4. Sahlman 模型③

Sahlman 模型则强调创业环境在创业活动中的重要性。在 Sahlman 看来，创业活动仍然有四个关键性的要素：一是为创业提供服务的人力资源，主要包括经验、技能和知识；二是机会，即需要投入资源的活动；三是创业者的交易行为，即与资源提供者之间的直接或间接关系；四是创业活动的外部环境，包括宏观环节和微观环境。前三个要素来源于环境并反过来影响环境，创业的过程就是这三个要素相互协调并与环境相适应的过程。

总的来看，上述经典创业模型几乎都将创业视为若干核心要素相互作用的动态过程，只不过在核心要素的判断上有所差异。但事实上，上述创

---

① Wickham Philip A., *Strategic Entrepreneurship*, London: Pitman Publishing, 1998.
② Timmons Jeffry A., *New Venture Creation*, 5 ed., Singapore: McGraw-Hill, 1999.
③ Sahlman William A., "Some Thoughts on Business Plans", in William A. Sahlman, Howard H. Stevenson, Michael J. Roberts and Amar Bhide, eds. *The Entrepreneurial Venture*. Boston: Harvard Business School Press, 1999.

业模型具有诸多共识。

首先，这些创业模型都充分强调了创业者作为创业主体的积极作用，Wickham模型和Timmons模型更强调了其核心地位。

其次，几乎所有模型都强调了资源、机会和环境对于创业的意义，Gartner模型尽管在表现形式上没有出现"资源"和"机会"，但是在其关于"过程"的论述中是将这两方面包括在内的；Wickham模型中没有出现"环境"要素，但是模型专门强调了创业是一个不断学习的过程，而学习的目的正是为了适应环境。

再次，Gartner模型和Wickham模型强调的"组织"，在Timmons模型中是包含在"团队"这一核心要素中的。

最后，"交易行为"只在Sahlman模型中被提到，但并不意味着与其他模型完全无关，事实上，Sahlman模型是将其他模型中的"资源"细分为"外部资源"和"内部资源"，"交易行为"指向的是外部资源的获得。

因此，我们可以看到，大量学者已经将创业视为一个系统过程，试图超越对单一创业要素的研究，更多地关注各要素之间的联系与相互作用，以构建创业活动的一般模式，从而刻画创业活动的发展逻辑。但是，由于创业活动本身的复杂性，以及研究者的观察常常是局限于某一区域、某一时间段、某一类型的创业活动，这些研究在创业要素关键性的认识上是有差异的，也都有各自的局限性。不过，这些研究仍然是卓有成效的，一方面，其形成的共识可以对创业实践形成指导意义；另一方面，对于创业研究而言形成了一个"工具包"，可以给具体创业问题研究提供指导，以开阔视野，完善结论。

三、农民工创业研究综述

农民工是中国经济社会转型发展过程中产生的一个庞大而又特殊的群体。在农民工群体规模逐渐扩张的过程中，一系列与之有关的经济社会问题也随之产生。有学者对这些问题进行了比较系统的梳理，概括为三大类：第一类是农民退出农业过程中出现的问题，包括农村空心化、留守儿童与老人、土地抛荒、农业规模经营等；第二类是农民进入非农产业就业过程中的问题，如"民工潮"、流动人口管理困难、就业歧视、工资偏低与拖欠、劳动保护缺乏、自身素质与职业培训、子女教育与居住等；第三类是农民工融入城市成为市民过程中的问题,包括市民化制度障碍、城市承载能力不足等①。这些问题得到了政府部门的高度重视,也受到了学界的密切关注,同时也从总体上描绘出农民工的群像:弱势、边缘、失序。另外,受计划经济时期的传统思维影响,"创业"一词被赋予了强烈的精英化色彩。因此,"农民工创业"在公众看来无异于天方夜谭。

也正因为如此,20 世纪 90 年代中期,一些农民工返乡创业并获得成功,立即获得了一些媒体、研究人员和地方政府的关注,因为这似乎有望成为促进农村发展和剩余劳动力转移的新增长点。这一阶段的研究主要集中在对这一新现象的界定、特征描述、原因分析及效应预测。大部分研究对此现象表示肯定,有学者对此进行了比较系统的调查和研究,并指出返乡创业并非农民工外出的初衷,而是一个具有积极意义的派生物,其经济社会意义在于:缓解城市就业压力、带动农村经济发展、推动农村经济结构调整、增加农民收入、提高农村劳动力素质、推动小城镇建设、培育市场导向的就业机制,等等②。同时,甚至有研究提出农民返乡的"创业潮"正在到来③。在这种情况下,一些劳动力输出地政府也纷纷开始"筑巢引凤",实施"回引工程"。

不过,实践很快证明这些判断和做法过于乐观。随后一些定量研究也表明,外出人群与未外出人群在性别结构、年龄构成、婚姻状况和文化程度等方面存在比较明显的差异,而回流人群在人口学特征方面更加接近于未外出人群而不是外出人群,这就在一定程度上表明回流人群对在外就业的适应能力不如仍在外出人群;以投资创业为目的的回流仅占回流劳动力的 2.5%④。

2003 年底,"民工荒"开始出现并逐渐蔓延,东南沿海一带的"招工难"、"用工短缺"等现象促使理论界和政府部门再次系统思考农民工的流向问题。返乡创业无疑是国家和劳动力输出地最愿意看到的一种流向,因此国家也越来越多地将扶持返乡农民工提上议事日程,在关于"三农"工

---

① 简新华、黄锟等:《中国工业化和城市化进程中的农民工问题研究》,人民出版社 2008 年版。
② 王西玉、崔传义、赵阳:《打工与回乡:就业转变和农村发展——关于部分进城民工回乡创业的研究》,《管理世界》2003 年第 7 期。
③ 郑启新:《"民工潮"促"创业潮"、"开发潮"、"建城潮"》,载王郁昭、邓鸿勋主编:《农民就业与中国现代化》,四川人民出版社 1999 年版。
④ 白南生、何宇鹏:《回乡,还是外出?——安徽四川二省农村外出劳动力回流研究》,《社会学研究》2002 年第 3 期。

作的政策文件中频频出现。2004年中央一号文件《中共中央国务院关于促进农民增加收入若干政策的意见》指出,"要激发广大农民群众艰苦创业的积极性,发扬自强不息的精神,通过辛勤劳动走上富裕之路"。

这一阶段学界研究主要集中在农民工返乡创业的机制和过程分析。林斐基于近200个返乡创业个案调查,研究了农村劳动力从外出打工到回乡创业的过程,从动机、资源、资本等角度阐述了外出打工与回乡创业之间的内在联系,认为外出打工是创业的"孵化器",为创业提供了技术经验、市场信息和人力资本积累[1]。孙永松分析了2007年7月南京市农民工问卷调查数据,发现农民工的年龄、性别和婚姻状况对其回乡创业意愿有显著影响,年龄越大、女性、已婚者更具有回乡创业意愿,但教育程度对回乡创业意愿影响不显著;同时,家乡投资环境对于农民工返乡创业意愿影响显著[2]。

2008年底,全球性的金融危机对我国经济的影响开始显著,尤其是大量劳动密集型的外向型企业受到重创,引发大量农民工失业,逐渐形成新一轮的农民工"返乡潮"。根据媒体报道[3],人力资源和社会保障部2008年12月初完成的《金融危机对就业影响最新数据调查报告》显示,截至11月底,四川等10个劳动力输出大省返乡农民工达485万,占2008年9月底外出务工人员的5.4%。随着2009年春节的来临,许多企业在履行完一个用工周期的合同后,纷纷进一步裁减员工以抵御危机,从而导致农民工返乡规模在2009年初进一步扩大。国家从农民工生活保障和社会稳定和谐的角度出发,密集出台政策促进农民工就业,其中扶持农民工返乡创业自然而然地被列为战略性政策,各级地方政府也迅速开始了政策实践。

学术界对于农民工返乡创业的研究也有所拓展,管理学视角的对策研究增多,提出了很多政策建议,包括营造舆论氛围、完善创业服务体系、加强财税支持和金融支持[4],完善农村社会保障体系、加强职业技术培训、加大专项资金支持[5],搭建农民工返乡创业公益平台[6],保证政策的连续

---

[1] 林斐:《对90年代回流农村劳动力创业行为的实证研究》,《人口与经济》2004年第2期。
[2] 孙永松:《影响农民工回乡创业意愿的因素分析——以江苏省南京市为例》,南京农业大学硕士学位论文,2008年。
[3] 常红晓等:《农民工失业调查》,《财经》,2009年1月。
[4] 柯健:《返乡农民工创业就业的现状及对策研究》,《求实》2009年第6期。
[5] 李文涛:《帮助返乡农民工创业、就业的几点建议》,《特区经济》2009年第6期。
[6] 王胜远、张平、石亚娟:《返乡农民工创业研究——基于SWOT的分析》,《经济与管理》2009年第10期。

性①，等等。

总的来说，在城市产业结构升级转型和农村地区统筹城乡发展步伐加快的背景下，不论是政策界还是学术界，对农民工返乡创业的关注越来越多。国家和劳动力输出地对于此项工作的政策支持和资金投入也逐年增加，但是一些新现象、新问题也不断出现，工作的体系和重点都尚在探索之中。在学术研究方面，一些区域性的研究已经取得了开创性的成果，但总体上看还比较缺乏实证性和整合性，其中问题导向的研究占多数，政策建议普遍比较空泛，缺乏说服力。基于此，本书基于10个劳动力输出大省的调查，希望对扶持农民工返乡创业问题进行一个比较系统的研究。

第三节 研究框架与路线

从前文农民工创业相关政策实践及研究回顾来看，扶持农民工创业的意义已经愈发凸显，但是农民工创业实践总体上还处于起步阶段，创业的规模、影响都还较小，相关政策也处于探索阶段。正因为如此，如前文所言，本书中的"创业"是相对宽泛的界定，既包括建立新企业，也包括个人及家庭的创业；既包括主动寻找机会创业，也包括因无法就业的被动创业。同时，由于研究本身也属于探索性的研究，笔者在研究设计上尽量吸收已有创业研究中所强调的各种创业要素，并考量农民工返乡创业实践中各种要素的关键作用及互动。

借鉴已有创业模型的共识，笔者也将农民工创业视为农民工与资源、机会和环境互动的过程。农民工是具有特定人格和心理特征的群体，在当前中国的城镇化背景下，这种特征可能影响其对资源的获得、机会的捕捉能力，进而影响创业的意愿和行为；对农民工创业扶持政策的制定和完善，也需要考虑这种特征。这里所说的资源，既包括农民工自身的知识、能力等人力资源禀赋，也包括其可利用的经济和社会资本。机会则体现了农民工作为创业者对各种要素的识别、捕捉和组合能力。农民工与资源、机会的互动，必然影响其创业意愿的形成与变化。在这一过程中，农民工

---

① 刘云：《关于返乡农民工创业问题的思考》，《理论观察》2009年第3期。

的创业能力，主要体现在其对资源的整合能力和对机会的捕捉能力上。同时，正如前文所言，当前国家已经出台了一系列扶持农民工返乡创业的政策，构成了农民工创业的环境要素。这种环境既可以为农民工创业直接带来资源支持，也可能消除农民工创业的其他障碍性因素，从而形成一些创业的机会。

基于这些认识，形成了本书的研究框架（见图1-2）。本书将围绕上述创业要素的相互作用，从三个方面入手展开研究。

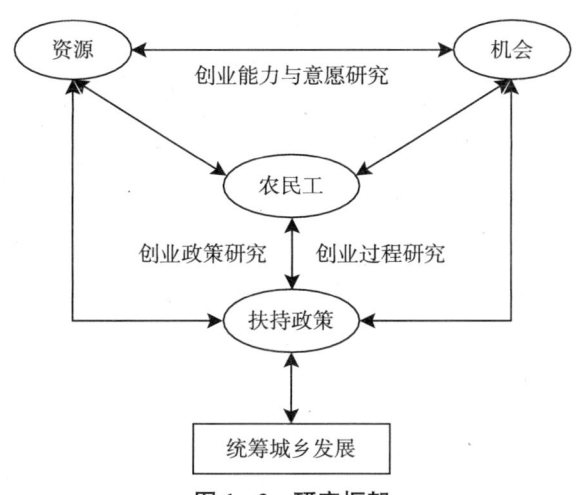

图1-2 研究框架

首先，基于调查数据，围绕农民工与创业资源、创业机会的相互作用，分析农民工的创业能力和创业意愿，前者是客观分析扶持农民工返乡创业的内在特质和外在条件，后者则是从农民工主观意愿的角度分析其创业动机和心理过程。这两个方面的研究都是一种理论研究，探讨的是农民工返乡创业的可能性，并由此形成检视当前扶持农民工创业的基础。

其次，本书将进一步结合案例资料，围绕农民工与创业机会、政策间的相互作用，分析当前农民工返乡创业的过程，主要关注创业决策、创业维持和创业结果三方面的内容。同时本书还结合调查数据探讨了金融危机对于农民工返乡创业的影响。以此为基础，本书将分析当前农民工返乡创业的政策环境，并结合当前实施的一系列农民工返乡创业扶持政策，分析其中出现的问题以及面临的困境。这些分析将围绕农民工、政策环境及资源的相互作用来展开。

最后，本书将结合上述三个方面的研究，围绕统筹城乡发展这一战略目标，就扶持农民工返乡创业进行政策思考，并提出政策建议。本书将从探讨统筹城乡发展的内涵开始，剖析统筹城乡发展的理念、内容、过程、保障及核心目标，并在此基础上形成对扶持农民工返乡创业理念、目标、路径的基本认识，分析当前农民工返乡创业面临的一系列问题，从统筹城乡发展的高度就扶持返乡农民工的政策调整与完善提出建议，本书的技术路线如图1-3所示。

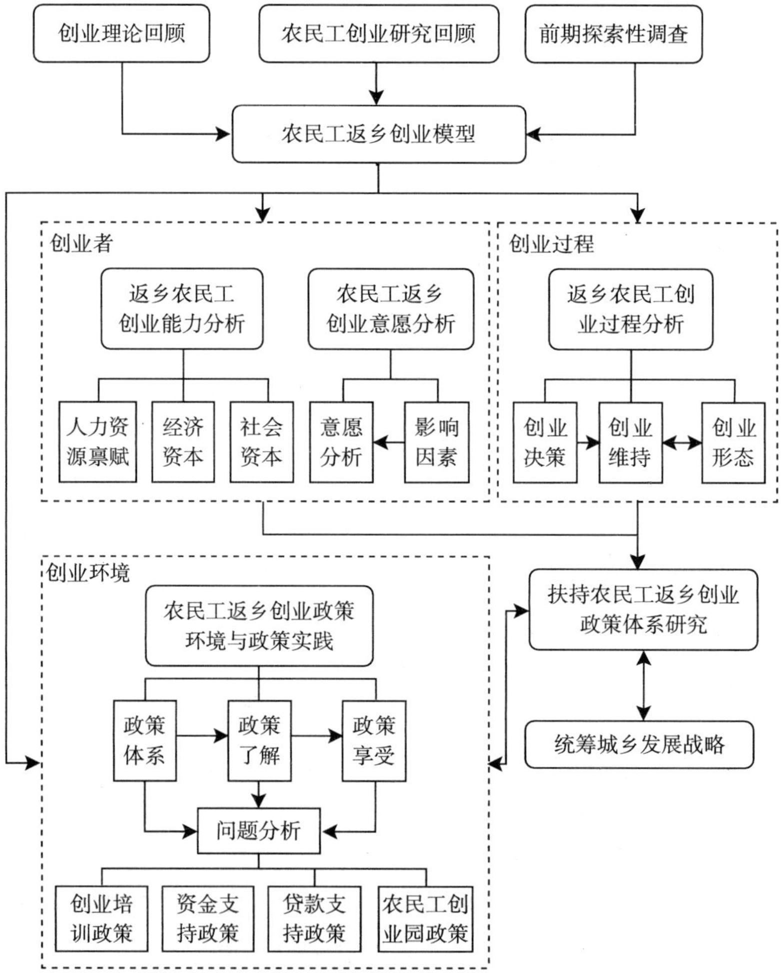

图1-3　技术路线

第四节 数据与资料

本书的首要研究工作是基于对大量政策文件的分析,第一类关于"三农"问题的文件,主要是国家层面的文件;第二类是农民工工作相关文件,包括国家层面和省一级的文件;第三类是的部分省、市、县、乡镇等各级政府出台的涉及扶持农民工就业创业的文件。

关于返乡农民工创业能力与意愿、创业扶持政策现状与问题的研究,主要使用笔者主持的"返乡农民工生活状况调查"数据。调查于2009年1月进行,时值国际金融危机持续蔓延,对我国经济社会的影响不断加深,大量农民工在春节前返乡。87名大学生调查员利用寒假返乡时间在10个劳动力输出大省[①] 开展调查。

调查抽样方法为多阶段抽样。第一阶段抽样为分层抽样,以上述10个劳动力输出大省(市)所辖的县(区)为抽样框,每个省(市)抽出6~9个县(区),总计抽出80个县(区)。随后,根据抽样情况,作者在北京地区高校招募了87名籍贯为调查地,并将在2009年春节期间返乡的大学生作为调查员。

第二阶段、第三阶段抽样由调查员在调查地完成。第二阶段抽样为随机抽样,以全体行政村为样本框。第三阶段则考虑到无法获得该县(区)返乡农民工的名单等情况,由调查员对样本进行筛选,采用判断抽样方式获得调查对象。调查对象主要为近五年曾外出打工半年以上(可累积),三个月内不准备外出打工,或者外出打工意向还不明确,且调查时点在本村的农村居民[②]。

在95%的置信水平、容许的抽样误差e=5%的情况下,样本规模为494。考虑到第三阶段抽样为非概率抽样,笔者最终要求每名调查员至少

[①] 根据2005年1‰人口抽样调查数据显示,四川、重庆、河北、安徽、江西、河南、湖北、湖南、广西、甘肃为我国劳动力输出排名前10位的省(市),此次调查也在上述10个省(市)开展。
[②] 由于部分省(市)取消了农业户口和非农业户口的二元户口性质划分,且存在政策性户口转变,因此作者特别强调,在调查培训中不以户口作为"农村居民"的判断标准,而主要是以生活形态来判定。

完成对15位返乡农民工的访问。由于大学生调查员事先接受了充分的培训，在家乡开展调查具有便利条件，有充裕的时间在近两个月内完成15份左右的问卷，保证了调查数据和信度和效度。

考虑到2009年春节期间失业返乡农民工比例过高和调查员判断抽样可能存在的误差，笔者于2009年7月暑假再次组织了问卷调查，调查地与第一次调查保持一致，主要是根据第一次调查样本的分布情况进行补充调查，主要调查对象是第一次调查时点（2009年春节期间）已经返乡，且目前也无外出务工意愿的返乡农民工。调查最终回收调查问卷1330份，其中进入最终数据的有效样本为1211个，有效率为91.1%。

问卷调查期间，调查员还进行了针对调查地县、村的结构性访谈。对60余个县、240余个村的返乡农民工就业创业帮扶政策出台和落实情况进行了实证调查，访谈相关负责人500余人，并搜集了调查地农民工返乡创业案例资料。由于调查员获得地方政府部门支持存在一定的难度，这些资料的质量和数量并不十分理想，笔者在运用过程中根据需要进行了筛选。

需要说明的是，由于受到经费和组织能力的限制，本调查抽样是以全部10省（市）的流动人口为抽样框，以总体方差计算样本量，这种抽样设计产生的样本具有代表性，对分省（市）的代表性较弱。而且，各省（市）样本量不一样，调查地不一样，故无法进行均值计算，方差分析的准确性较差，因此在本书中，没有进行分省（市）的定量分析。不过，笔者还是尝试进行了一些中西部间的对比分析。按中西部进行样本分类时，由于分组较少，组内样本量较大，允许进行统计分析，代表性虽然有一定偏离，但由于样本量大，其结果还是可以接受的。

第二章 统筹城乡发展与扶持返乡农民工创业

简·雅各布斯在1968年出版的《城市经济》一书中提出了一些十分有趣的观点。这位思想家指出，城市是先于农村产生的，或者至少城市的产生并不依赖于农村，相反，即使是原始的耕作和畜牧技术，也是从城市向农村传播的。城市是经济增长的"发动机"，城市的经济增长取决于城市是否能够不断创造新的产业来置换已经没有效率提升空间的旧产业。城市产业的多元化和其他一些因素保障了这些城市不断有新的产业出现，而旧的产业不断融合到新的产业中，新的工作岗位代替旧的工作岗位，并且雇佣更多的劳动力，于是城市就在不断地发展和扩张，甚至能够促成周围其他城市的产生[①]。

从经济学的主流视角看，雅各布斯的观点是具有颠覆性的。但是中国改革开放30多年的发展实践，却似乎验证了雅各布斯思想的正确性。我们可以看到的是，在中国城市经济繁荣的同时，城乡差距却有扩大的趋势，中国独特的城乡"二元"结构逐渐成为一系列问题和矛盾的根源，成为中国持续深入发展的巨大障碍。也正是在这样的背景下，统筹城乡发展逐渐成为重要的国家战略。

第一节 统筹城乡发展的理论架构

城市与乡村的差异，不仅是地理、生态的差异，在我国更是经济发展模式、社会生活形态的差异。统筹城乡发展无疑涉及城乡关系的格局与调

---

① [美] 简·雅各布斯：《城市经济》，项婷婷译，中信出版社2007年版。

整问题,指向的是城乡之间的融合。对此,欧美发达国家的历史经验和那些贯穿其中的思想,都可以给中国统筹城乡发展带来启发。

一、中国统筹城乡发展战略的提出与实践

"统筹城乡发展"是以政策话语的方式出现的,嵌入于"科学发展观"之中,是对"三农"问题、"二元"结构、城乡矛盾等一系列愈发显性的现实问题和矛盾的回应。20世纪90年代以后,中国进入了以增长为导向、以城市为核心的高速发展时期。这种发展方式带来了经济建设方面的突出成就,但是也积累了大量的社会问题和矛盾,日益增大的城乡差距、贫富差距已经越来越外显为各种社会冲突,已经对当前乃至今后较长一个时期的发展形成了障碍。实践也已经证明,仅仅依靠经济增长并不能消除这些日益凸显的社会问题和矛盾,甚至着手解决这些社会问题和矛盾还可能引发新的问题和矛盾。因此,这种发展方式是一种不平衡、不协调、不可持续的发展方式,而统筹城乡发展的现实目标正是要促进这种发展方式的转型,即由城市为核心转向城乡互动、共同发展,由增长为导向转为更加重视社会建设、更加重视公平。

正因为如此,国家统筹城乡发展战略也越发清晰和具体,并且对其意义和目标的阐述也从解决"三农"问题上升到"推进现代化"的高度。中共十六大报告提出:"统筹城乡经济社会发展,建设现代农业,发展农村经济,增加农民收入,是全面建设小康社会的重大任务。"中共十六届三中全会审议通过的《中共中央关于完善社会主义市场经济体制若干问题的决定》将"统筹城乡发展"作为"五个统筹"之首,提出通过"五个统筹"更大程度地发挥市场在资源配置中的基础作用。中共十七大则进一步明确了统筹城乡发展的路径和战略目标,即"要建立以工促农,以城带乡长效机制,形成城乡经济社会发展一体化新格局"。2008年10月召开的中共十七届三中全会以推进农村改革与发展为主题,强调"必须统筹城乡经济社会发展,始终把着力构建新型工农、城乡关系作为加快推进现代化的重大战略"。

在实践层面,国家于2007年6月在重庆市和成都市设立全国统筹城乡综合配套改革试验区,希望两地"全面推进各个领域的体制改革,并在重点领域和关键环节率先突破,大胆创新,尽快形成统筹城乡发展的体制机制,促进两市城乡经济社会协调发展,也为推动全国深化改革,实现科

第二章 统筹城乡发展与扶持返乡农民工创业

学发展与和谐发展，发挥示范和带动作用"。① 两地随即出台相关规划，并且迅速启动了一系列探索和改革方案。

近年来，成渝两地基于各自实际，制定了详细的城乡规划，在推进土地流转、优化产业布局、基础设施建设、公共服务均等化等方面出台了一系列富有成效的措施，促进了城乡之间生产要素的自由流动、公共资源的均衡配置，并在农村产权制度、户籍制度、基层民主等更深层次的经济社会改革方面做出了积极的探索，在促进发展方式转型方面已经取得了一定的成效。

不过，城乡发展不平等、不协调的格局并没有得到根本性的转变，各个领域的一体化进程也不协调。城乡社会层面的一体化发展明显滞后于城乡经济一体化发展，其结果是形成了城市对农村的进一步掠夺，甚至社会不平等被进一步强化：城乡居民之间原有的不平等不仅没有显著消除，而且城市居民之间的不平等、农村居民之间的不平等也显现出来。例如，城市户籍居民与非户籍居民、城市周边农村居民与远郊山区农村居民在居住、受教育、就业、社会保障等方面的差异已经十分显著。

二、统筹城乡发展的思想渊源与国际经验

城乡融合的思想可以追溯到空想社会主义思想家的理论。摩尔的"乌托邦"设想、康帕内拉的"太阳城"以及后来圣西门的城乡社会平等观、傅立叶的"法郎吉"与"和谐社会"、欧文的"理性的社会制度"与"共产主义新村"都体现了对城乡协调发展的思考。马克思、恩格斯继承了这些思想，他们的理论体系更明确地对城乡关系给予了关注，其科学社会主义学说认为，人类历史发展过程中城乡关系经历了三个辩证发展的阶段，第三个阶段就是"城乡融合"，即城市和乡村通过合作协调实现城乡的一体化发展。城乡融合是社会发展的必然趋势，要"通过消除旧的分工，进行生产教育、变换工种、共同享受大家创造出来的福利，以及城乡的融合，使全体成员的才能得到全面的发展"。②

在城市学和城市规划学界，也不乏对于城乡融合、城乡一体的憧憬。

---

① 见《国家发展改革委关于批准重庆市和成都市设立全国统筹城乡综合配套改革试验区的通知》(发改经体[2007] 1248号)，2007年6月7日。
② [德]恩格斯：《家庭、私有制和国家的起源》，中共中央马恩列斯著作编译局译，人民出版社2003年第3版。

· 19 ·

最早提出城乡一体化思想的是英国城市学家埃比尼泽·霍华德。他于1898年提出，应当建设一种城乡结合，兼具城市和乡村优点的理想城市，即"田园城市"，倡导用城乡一体的新社会结构取代城乡分离的旧社会结构形态[①]，田园城市运动也一度成为世界性的运动。

美国城市理论家刘易斯·芒福德在20世纪60年代初从保护人居系统中的自然环境出发，提出城乡关联发展的重要意义[②]。Wright的"区域统一体"（Regional Entities）和"广亩城"[③]，都主张城乡发展应采取整体的、有机的、协调的发展模式。

大量学者开展了以统筹城乡发展为内涵的实证研究。加拿大学者McGee基于实证研究提出了"Desakota"这一概念。在印尼语中，Desa是村庄，Kota是城市，而Desakota则是建立在区域综合发展基础（Region-based）上的城市化形态，其实质是城乡之间的统筹协调和一体化发展，该概念的提出为亚洲城市化研究提供了新思路[④]。Douglass等通过对泰国东北部的研究提出采取城乡一体化的方式，建立城乡联系的区域网络系统，可以促进区域城乡经济共同增长[⑤]。

20世纪下半期以来，日本和韩国兴起了较大规模的新农村建设运动，并形成了关于新农村建设的相当丰富的实证研究。日本分别于20世纪50年代中期和60年代后期两度大力推进新农村建设，而韩国则从20世纪70年代开始大规模开展新农村建设运动。从实践来看，日韩新农村运动均是从道路、水利等农村基础设施开始，然后通过规划农村产业、加强资金与金融支持、提升教育培训服务等方式，推进农村经济社会全面协调发展。

三、统筹城乡发展研究进展与共识

学术界对统筹城乡发展的关注，大体上是对早期城乡一体化研究的延

---

① [英]埃比尼泽·霍华德：《明日的田园城市》，金经元译，商务印书馆2000年版。
② [美]刘易斯·芒福德：《城市发展史——起源、演变和前景》，宋俊岭、倪文彦译，中国建筑工业出版社2005年版。
③ Wright F. L., "Broadacre City: A New Community Plan", *Architectural Record*, April 1935.
④ McGee T. G., *Globalization and Rural Urban Relations in the Developing World*, Tokyo: United Nations University Press, 1998.
⑤ Douglass, Mike and John Friedmann eds., *Cities for Citizens: Planning and the Rise of Civil Society in a Global Age*, London: John Wiley, 1998.

续和拓展。中国的城乡一体化概念最早出现于 1983 年前后的苏南地区，是在当地乡镇企业发展导致农村和城市经济发展差距相对缩小的情况下，由实际工作者提出来的①。这一时期城乡发展研究的主要对象是乡镇企业和小城镇，后来逐渐拓展到大都市的城乡结合部。随着统筹城乡发展作为国家战略被提出来，这一领域的研究更是迅速深化，一方面推动了城乡发展现实问题研究，另一方面也有力促进了城乡发展研究的本土理论建构。

大量学者对于当前统筹城乡发展的本质进行了战略性的认识和解读，并就其背景、目标和主要内容进行了阐述。陈希玉认为，统筹城乡就是要改变重城市、轻农村的传统观念和做法，通过体制改革和政策调整，消除城乡之间的藩篱，破除城乡"二元"结构，把城乡作为一个整体来规划，将解决"三农"问题放在优先位置，实行城乡协调发展②。郭翔宇提出，统筹城乡发展是针对计划经济体制下工农分割、城乡分治的发展状态提出来的，要将农村经济与社会发展纳入到整个国民经济和社会发展全局之中，与城市发展进行统一规划和综合考虑，改变重工轻农的城市偏向；同时，统筹城乡发展是一个动态的过程，需要经过较长的时间③。陶武先阐述了统筹城乡发展的基本内涵，即把工业与农业、城市与农村、城镇居民与农村居民作为一个整体统筹谋划，综合研究，从而协调工农关系、城乡关系，推进城乡分割的二元结构向城乡一体化的现代经济社会结构转变④。

具体来说，鞠正江等提出统筹城乡发展包括三个方面：一是统筹经济资源，实现城乡经济均衡增长和良性互动；二是统筹政治资源，实现城乡政治文明共同发展；三是统筹社会资源，实现城乡精神文明的共同繁荣⑤。焦伟侠、陈俚君认为，统筹城乡发展的实质包括三个方面：一是消除城乡分割，使城乡之间人口、产品、资金、技术、信息有效流动；二是实行城乡统一筹划，把调整农业、支持农村、关心农民作为城市化的主要内容；

---

① 张雨林：《论城乡一体化》，《社会学研究》1988 年第 5 期。
② 陈希玉：《论城乡统筹》，《发展论坛》2003 年第 10 期。
③ 郭翔宇：《统筹城乡发展的理论思考与政策建议》，《山东财政学院学报》2004 第 5 期。
④ 陶武先：《统筹城乡经济，发展特色产业——四川丘陵地区经济发展情况调查》，《经济体制改革》2004 年第 1 期。
⑤ 鞠正江、张益刚、房清波：《论"统筹城乡经济社会发展"的丰富内涵和对策措施》，《中共济南市社会主义学院学报》2003 年第 3 期。

三是要解决中国经济的二元结构和高级化问题①。

黄坤明对国内关于城乡一体化的研究进行了比较系统的梳理，就城乡一体化的内涵进行了比较全面的概括："在一定区域内，以广泛尊重城乡居民的发展权为前提，在程序制度创新和制度运行协调的基础上，通过劳动力、技术、资金等生产诸要素的自由流动和配置，充分发挥城市和乡村各自的优势和作用，使城市和乡村在社会经济、生活方式、思想意识、生活水平及生态环境等方面广泛融合，形成'相互依托、优势互补、以城带乡、以乡促城，互为市场、资源共享，相互服务、共同发展'的城乡关系，实现城乡经济、社会、环境可持续协调发展的过程"，其实质是"以人为本，通过统筹城乡发展实现城乡融合，但这种融合并不是要消灭城乡差别，而是在充分发挥各自功能、优势的基础上，将城市和乡村建设成为一个相互依存、相互促进的统一体，成为居民物心俱丰的理想的居住、生活、生产空间"②。

还有学者对统筹城乡发展的关键路径和突破点进行了思考。叶裕民认为，统筹城乡发展是中国跨越"中等收入陷阱"的重大战略，即"以科学发展观为指导，促进发展方式转型，打破城乡二元体制分割，将乡村与城市纳入统一的区域发展框架下进行统筹安排，建立城市与乡村之间开放、融通、互动的发展机制，构建公共服务和发展机会均等化的格局，最终形成城市与乡村共创共享改革发展成果的体制机制"③。赵保佑指出，要实现统筹城乡发展的目标，必须从制度创新入手。要加快城乡人口管理制度、城乡就业制度、城乡产权制度、城乡财税金融制度、乡镇政府管理制度和公共品供给制度六大方面的制度创新步伐，实现城乡一体化发展④。钟春艳等也强调体制和制度创新是统筹城乡发展的根本途径，认为长期非均衡的发展政策与体制限制形成了"一个中国，两种制度"的城乡二元经济结构，这是造成城乡差距的根本原因；通过加快城乡人口管理制度、城乡就业制度、城乡产权制度、城乡财税金融制度、乡镇政府管理制度和公共品

---

① 焦伟侠、陈俚君：《关于统筹城乡经济协调发展的思考》，《经济体制改革》2004年第1期。
② 黄坤明：《城乡一体化路径演进研究：民本自发与政府自觉》，科学出版社2009年版。
③ 叶裕民：《统筹城乡发展：中国跨越"中等收入陷阱"的重大战略》，四川新闻网2011年3月24日，http://scnews.newssc.org/system/2011/03/04/013091063.shtml，2011年5月1日。
④ 赵保佑：《制度创新：统筹城乡协调发展的关键》，《中州学刊》2004年第6期。

供给制度等方面的制度创新步伐,实现城乡一体化发展[①]。

另外,还有一些学者对各地纳入统筹城乡发展框架下的政策措施和体制机制改革予以关注,研究这些实践的意义、合法性、可行性以及对经济社会发展的作用机制、过程和效果。具体来说,涉及的问题包括土地流转、开发区、户籍制度改革、农村社会保障、基层治理等。这些问题本身并不是新问题,相关研究主要是在统筹城乡发展战略下对已有研究的深化,在此不再赘述。

从以上论述可以看到,学术界普遍认同统筹城乡发展对于中国发展的重大战略意义,并且已经形成了若干共识。首先,就城乡地位与关系而言,统筹城乡发展绝不是要消灭农村,而是肯定了城镇和乡村两种社会形态长期并存的前提。同时,统筹城乡发展在价值理念上体现了对城市和乡村的同等重视,在发展过程中要兼顾城乡。

其次,从涉及领域和内容而言,统筹城乡发展是综合性、复合性的战略,不仅指向城乡经济发展,还涉及城乡政治、社会、空间、生态环境等领域的共同发展。

再次,从实施路径来看,统筹城乡发展是一个从统一规划到具体实施的过程,是一个长期、动态的过程,是一系列制度建设和政策调整不断丰富和完善的过程。

最后,不论是从话语结构而言还是从内在含义而言,"统筹"都包含了对政府主导地位的肯定。在中国的政治体制环境中,这一点也是统筹城乡发展得以实现的重要保障。

四、统筹城乡发展的理论架构

毫无疑问,统筹城乡发展逐渐上升为国家战略,其背景是中国经济高速增长的同时,城乡差距进一步扩大,城乡"二元"结构进一步强化,已经在很大程度上成为可持续发展的制度障碍。一方面,已有的城市空间及其资源已经不能承载持续扩张的经济发展;另一方面,也是更为重要的,不断强化的城乡"二元"结构也进一步强化了社会不平等,这种不平等在新型传媒快速发展的背景下不断外显并成为社会成员的普遍认知,使改革发展过程

---

① 钟春艳、李保明、王敬华:《城乡差距与统筹城乡发展途径》,《经济地理》2007年第6期。

中的大量利益冲突因为叠加了价值情感而成为社会矛盾，甚至是社会冲突。

也就是说，统筹城乡发展战略的提出，解决现实发展问题的导向是十分明显的。但是，受早期城乡一体化研究的影响，目前城乡发展研究的理论架构和理论体系主要是以农村发展，特别是农村基础设施建设为核心构建的，充分体现"两个反哺"的思想。发达国家城市化、农村建设的一系列经验更强化了这种思想。据此，政策实践的大量研究常常就农村论农村，而对于如何在城乡之间建立开放融通的互动机制还缺少关注。

因此，探讨统筹城乡发展问题，必须先重构其理论框架。笔者认同目前学术界的上述共识，并在此基础上对统筹城乡发展的理论框架构建形成了一系列认识（见图2-1）。

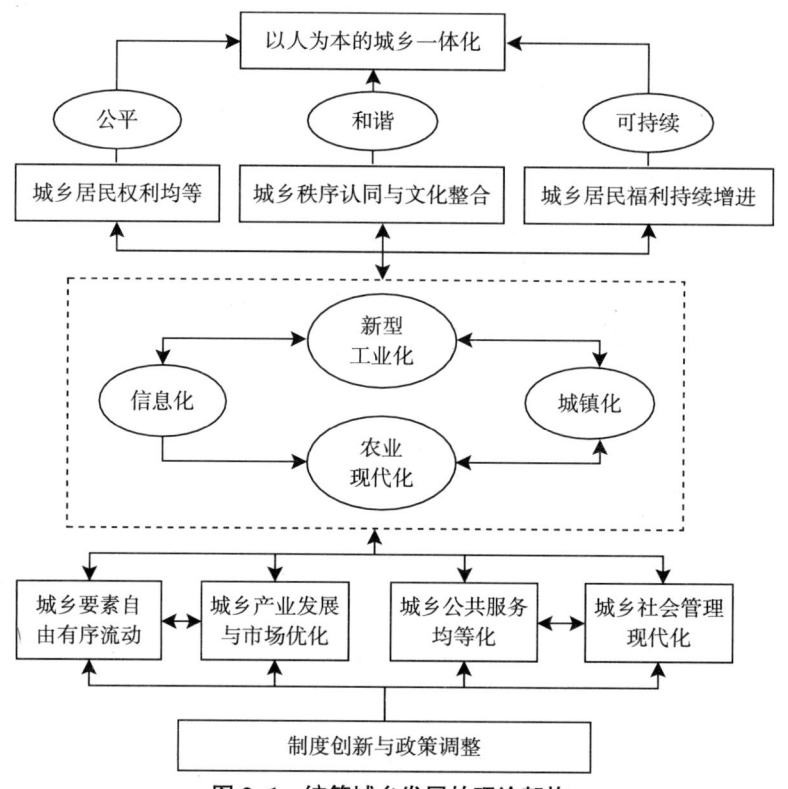

图 2-1 统筹城乡发展的理论架构

首先，在目标与理念层面，统筹城乡发展的最终目标是推进以人为本的城乡一体化，核心是为城乡居民创造公平、和谐、可持续的生存和发展空间。具体来说，统筹城乡发展的目标可以分为三个层面。第一，统筹城乡发展应该实现城乡居民权利均等化，体现为城乡居民平等地获得发展机会、公共服务和参与公共事务决策的权利。第二，统筹城乡发展应该推进城乡秩序认同与文化整合，形成城乡居民共同认可的社会格局和社会流动机制，并使城乡居民在基本价值观念、社会共识等方面一致，不存在隔阂、歧视和偏见；城乡居民即使具有不同的生活方式，也可以相互理解和包容。第三，统筹城乡发展要实现城乡居民福利的持续增长，可以满足日益增长的需求。

其次，在核心战略层面，统筹城乡发展体现为新型工业化、信息化、城镇化、农业现代化的同步推进。其中，信息化与新型工业化的融合以及对农业现代化的支撑，是提升经济效率、持续提升城乡居民福利的必由之路；城镇化是工业化的空间依托，同时又依赖于工业化提供经济支撑，两者的良性互动是城乡经济社会协调发展的基础。同时，城镇化与农业现代化必须协调发展，才能保证农村剩余劳动力的有序转移，为城乡和谐创造基础条件。

最后，在路径层面，统筹城乡发展必须通过经济和社会领域的一系列制度创新和政策调整，以促进城乡要素（资本、土地、人口、信息等）自由有序流动、城乡产业发展与市场优化，同时推进城乡公共服务均等化和城乡社会管理现代化。

第二节　统筹城乡发展背景下的扶持农民工返乡创业

统筹城乡发展作为面向"三农"问题、着力破除"二元"结构、推进经济社会协调可持续发展的重大战略，无疑为扶持返乡农民工创业提供了良好的政策环境。同时，基于对统筹城乡发展内涵的认识，扶持农民工返乡创业也是统筹城乡发展的战略举措，在政策实践过程中不能脱离城乡发展现实。

一、统筹城乡发展与农民工返乡创业

我国改革开放以来的快速工业化、城市化,与以户籍制度、土地制度等为基础的城乡二元结构相结合,造就了城市对农民工"经济吸纳"与"社会排斥"的双重态度。正因为如此,农民工成为了一个徘徊在城乡之间的庞大群体,他们的境遇深刻地嵌入当前的城乡关系之中。他们既是城乡发展的中坚力量,又是嵌入城乡关系的文化符号。

因此,农民工创业必然置于当前统筹城乡发展的空间与战略之下,同时可以在统筹城乡发展过程中发挥发挥积极的作用。笔者基于上文提出的统筹城乡发展理论架构,厘清统筹城乡发展与农民工返乡创业的关系(见图 2-2)。

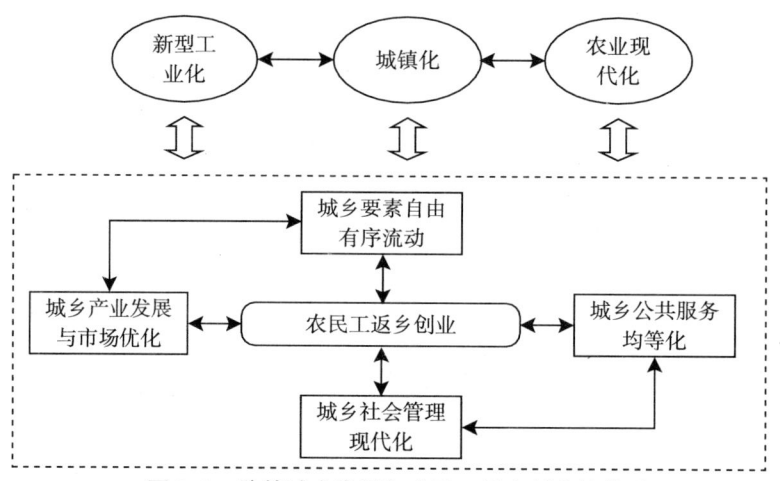

图 2-2 统筹城乡发展与农民工返乡创业的关系

(1)统筹城乡发展为扶持农民工返乡创业创造了良好的政策环境。统筹城乡发展以解决"三农"问题为起点,着眼于城乡关系的变革,无疑也牵动着农民和农民工的生活境遇与命运。统筹城乡发展过程中,新型工业化、城镇化与农业现代化的同步推进,无疑可以推动城乡产业结构的优化和市场环境的改善,使城乡生产要素流通和公共资源配置更加有利于农村地区的发展和农民生活水平的提升,为农民工创业形成有力的经济支持。同时,这一进程也包含了社会领域的一系列改革,持续提升的公共服务水

第二章 统筹城乡发展与扶持返乡农民工创业

平和良好的社会秩序,可以解决农民工创业的后顾之忧,从而对农民工创业形成良好的社会支持。

(2)农民工返乡创业也可以为统筹城乡发展贡献重要力量,可以作为统筹城乡发展的重要切入点之一。具体来说,农民工返乡创业在笔者提出的统筹城乡发展四大路径中都可以发挥积极的作用。首先,农民工创业本身就对农村地区产业发展做出直接贡献,这一点毋庸置疑。

其次,农民工返乡创业,无疑能够促进产业要素在城乡间的流动,不仅能够促进人才从城市向农村流动,而且能够带动资金、技术、信息以及价值观念由城市向农村流动,对于农村地区发展和城乡融合意义重大。

再次,农民工返乡创业对于农民工地区社会力量的成长也具有重要意义。创业农民工不仅可能拥有更多的资源,而且可能为农村地区提供就业岗位,这就决定了创业农民工是乡村社会精英的重要组成部分,他们能够在乡村社会交往中凭借资源和地位优势将乡村居民组织动员起来,形成社会力量,从而在政治系统中发挥影响,这对于改变当前乡村在公共服务等方面受到的不公平待遇而言,是具有积极意义的。同时,农民工返乡创业还有望为乡村注入发展活力,影响乡村的社会意识、社会态度和社会结构,最终对改善整个乡村面貌和调整城乡关系发挥作用。

最后,农民工返乡创业可以加强和改善农村地区的社会管理。中国的市场化发展、政治体制与文化传统,决定了中国城市化、现代化的道路不可能完全照搬西方模式,至少其过程更加复杂、曲折。目前的经济与城市发展模式已经造就了农村人口大转移、高流动、非均衡的格局,社会层面的改革推进缓慢,甚至大中城市已经重新出台强化户籍制度功能、强化人口准入的政策。与此相应的是,城市流动人口自身的市民化期望也呈现多元化的趋势,大量农村流动人口仍然将家乡视为自己的归属。因此,在较长的一段时期内,彻底破除户籍制度,让城市完全接纳已有流动人口并给予其与原户籍居民完全相同的市民待遇,并不现实。因此,让部分农村流动人口返乡创业,在家乡完成市民化并带动当地农村居民的就地转移,无疑是一条值得探索的途径。从这个角度讲,农民工返乡创业对于基层社会的稳定是可以发挥重要作用的。

上述分析进一步确认了农民工返乡创业的重要意义。当然,这种关系的分析都是基于初步的经验和逻辑,实际的统筹城乡发展战略实施与农民工返乡创业的关系必然复杂得多,对此后文也结合调查研究进行了一些初步的实证分析。

二、统筹城乡发展与农民工返乡创业研究

上述分析已经表明,农民工返乡创业与乡村经济社会发展的一系列因素密切相关,既可能在乡村发展中发挥一系列作用,也可能受到一系列环境和条件的制约。前文已经提到,当前中国统筹城乡发展实践的进展还十分缓慢。既存利益结构的抵制、基层治理的传统与社会力量的薄弱,使得当前城乡发展不平等、不协调的格局并没有得到根本性转变,甚至在一些领域被进一步强化。在这种情况下,农民工返乡创业也就自然而然地存在诸多障碍。正因为如此,就目前的观察而言,还看不到农民工返乡创业对农村经济社会发展的显著作用,甚至在短期内似乎也未必能看到这种效应。

当然,正如前文提到的,统筹城乡发展是一个长期、动态的过程,这一过程甚至是曲折的。扶持返乡农民工本身也受限于城乡关系的变化调整,自然不能急于求成,而必须扎根于城乡发展现状,科学规划,稳步推进。从这个意义上讲,当前开展农民工返乡创业实证研究,必须置于中国统筹城乡发展实践的背景之中。

首先,推进扶持农民工返乡创业工作,必须弄清作为创业主体的农民工目前究竟处于什么样的状态,他们在创业过程中存在什么样的优势和劣势,以及他们创业的意识和态度如何,才能确定当前的工作重点和力度。本书也正是基于这样一种认识,通过问卷调查和访谈,从农民工客观的创业能力和创业意愿入手,系统研究农民工作为创业主体的特征,并以此作为扶持返乡农民工政策研究的起点。

其次,扶持农民工返乡创业,必须深入了解农民工创业区别于其他主体创业的特点,尤其是需要对其创业领域的选择、创业过程进行考察,以此确保扶持农民工返乡创业的有效性。

最后,扶持返乡农民工创业与统筹城乡发展一致,同样需要坚持政府的主导地位。尤其是在当前,农民工总体来说还处于比较弱势的地位,更需要政府通过资源的再分配来提供创业支持。因此,制度和政策调整无疑是当前扶持农民工返乡创业的重要突破点。基于此,本书也将着重对当前已经实施的各种扶持农民工返乡创业的政策进行实证分析。

三、统筹城乡发展背景下的扶持农民工返乡创业政策评估

本书在统筹城乡发展背景下探讨农民工返乡创业问题，重点是在统筹城乡发展战略背景下对农民工返乡创业扶持政策进行研究。

（1）基于对已有扶持政策实施情况的考察，笔者将从统筹城乡发展战略出发对这些政策的实施效果进行评价。判断这些扶持农民工返乡创业政策的成效，不是简单地用创业行为的经济效益来衡量，也不局限于短期效应，而是主要考察其实施过程是否体现了统筹城乡发展的理念，政策结果是否符合统筹城乡发展的目标。

（2）笔者尝试从统筹城乡发展、推进"以人为本"的城乡一体化出发，围绕公平、和谐、可持续的价值理念以及城乡居民权利均等、城乡秩序认同与文化整合、城乡居民福利持续增加等战略目标，就构建和完善农民工返乡创业扶持政策体系提出政策建议。

第三章 返乡农民工创业能力分析

"扶持农民工返乡创业"与"扶持返乡农民工创业"有着不同的政策含义,前者的对象是全体农民工,后者的对象则是返乡的农民工。但是,两者的根本目标是相同的,即通过政策鼓励农民工在家乡创业。本书在分析农民工创业能力上,将以返乡农民工作为分析对象,而不是全体农民工,原因是返乡农民工更应该成为农民工创业扶持政策关注的重点。

一方面,创业本身就是一部分农民工返乡的原因,即使是由于其他原因返乡的农民工,也必须面临返乡后的生存和发展问题,创业无疑在其考虑的范围之中。加之返乡农民工更有扎根家乡的意愿,一旦开始创业就更容易形成持久的动力。另一方面,对于那些目前选择在城市就业、创业的农民工,影响他们创业行为的因素中,扶持性政策的影响相对较小,市场因素的影响更大。例如,那些在资金、技术、信息等方面特别具有优势的农民工,在影响其行为选择的因素中,投资环境和回报预期可能比乡情更为重要;而如果某地的投资环境十分有竞争力,当地政府显然也不会在乎前来投资的创业者是不是本地外出务工人员。因此,从进一步完善扶持农民工返乡创业政策的角度研究农民工的创业能力,如果笼统地以全体农民工作为研究对象,无疑降低了研究的针对性。

笔者对返乡农民工的调查于 2009 年春节期间进行,正是国际金融危机持续蔓延、大量农民工返乡在家之际。在这一特殊时期,各级政府出于稳定和发展的双重需要,密集出台各种针对返乡农民工的扶持性政策,包括大量创业扶持性政策,一方面形成了良好的创业环境,另一方面也促使大量返乡农民工将创业纳入自身就业选择的范畴,各地在政策导引和扶持下的农民工创业实践也频频见诸报端,为本书开展研究提供了难得的契机。

第一节 返乡农民工的基本特征

一、返乡农民工的人口学特征

在笔者进行的第一次返乡农民工调查中,共获得1201个有效样本,其中男性804人、女性397人,所占比例分别为66.9%[①]、33.1%;汉族1102人,占91.8%。

年龄方面,受调查的返乡农民工平均年龄为32.52岁(标准差为10.58),其中最大的65岁,最小的17岁,其分布如图3-1所示。

可以看到,返乡农民工年龄分布主要集中在19~47岁,在21岁和37岁处出现两个比较明显的波峰。20~24岁和36~40岁两个年龄段的人相对密集,基本反映了农民工返乡的两种机制:一些相对年轻的农民工,其人力资本、经济资本和社会资本相对较弱,个人发展期望高但抵御外部风险能力较低,流动性强,返乡成为其调整、适应、求变的缓冲机制;另一些

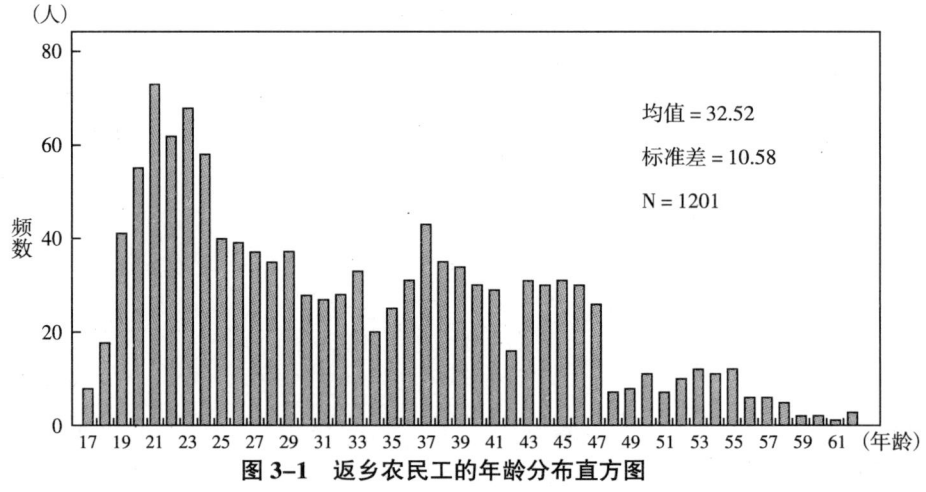

图3-1 返乡农民工的年龄分布直方图

---

① 未特别说明的,本书频数统计的百分比均为有效百分比(Valid Percent)。

农民工由于年龄偏大,主要是出于身体状况、家庭状况等原因返乡。

婚姻状况方面,"初婚有配偶"占了大多数,为63.1%;其次是未婚农民工,占33.7%,再婚有配偶、离婚、丧偶的分别占1.7%、0.8%、0.7%。这一结构与农民工整体婚姻状况基本相似。

家庭基本情况方面,受调查者家庭常住人口数平均值为4.1。受访者中,92.2%均不是独生子女,52.1%与父亲一起生活,55.4%与母亲一起生活,60.2%与配偶一起生活;同时,61.6%有子女,且这些受访者中82.8%与自己的子女一起生活。总的来说,大部分返乡农民工还是来自较传统的主干型家庭。

样本的地域分布如图3-2所示,河南、安徽、湖南居前三位,分别占27.1%、14.8%、11.5%。其中,中部省份的样本为905,西部为306,比例近似为3∶1。

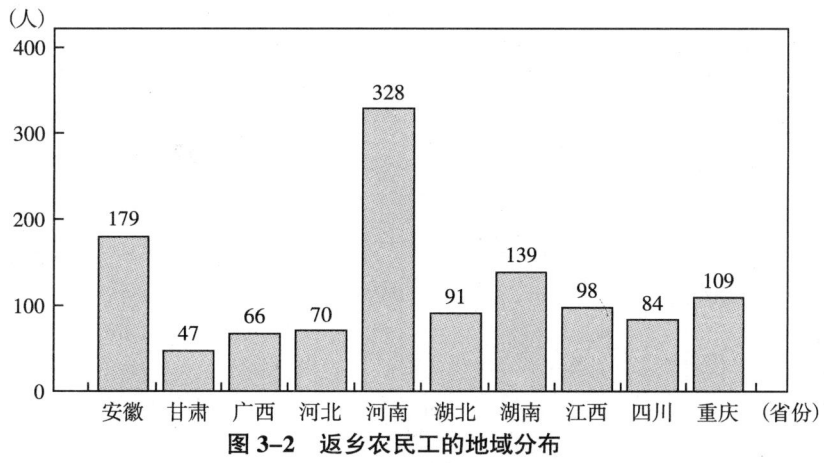

图3-2 返乡农民工的地域分布

二、返乡农民工的外出务工经历

调查主要考察了受访者前四次和最近一次的务工经历,次与次的分界标准是换了务工城市或者返乡半年以上。对于每次的务工过程,调查主要考察了其务工城市、出发年月、住所、持续时间、同往家人、获得工作途径和职业。

结果显示,受访者外出务工城市主要集中在珠三角、北京和长三角地区，频数最高的前五位分别是东莞、深圳、广州、北京和上海。

在住所方面，住集体宿舍和租房是返乡农民工外出务工期间最主要的居住方式，占90%以上。从历次数据来看，随着外出务工次数的增加，居住情况略有改善，但是改善的幅度十分有限。

在外出务工途径方面，大多数受访者是通过亲戚朋友介绍（46.5%）和同村同乡介绍（26.1%），即通过熟人介绍的外出务工占据了70%以上。当地政府部门和职业介绍机构的作用微弱，共仅占2.5%。

在职业方面，受访者主要从事技术含量低、可替代性强的职业，其中最主要的是加工制造业、建筑业和基础性生活服务业（住宿餐饮、批发零售、家政服务、交通运输、保安物业等），分别占43.7%、26.8%和19.3%。

在务工次数上，调查数据同时显示，受访者外出打工次数平均值为2.24次①，其中在外打工一两次即返乡的最多，分别占35.4%和29.3%（见图3-3）。

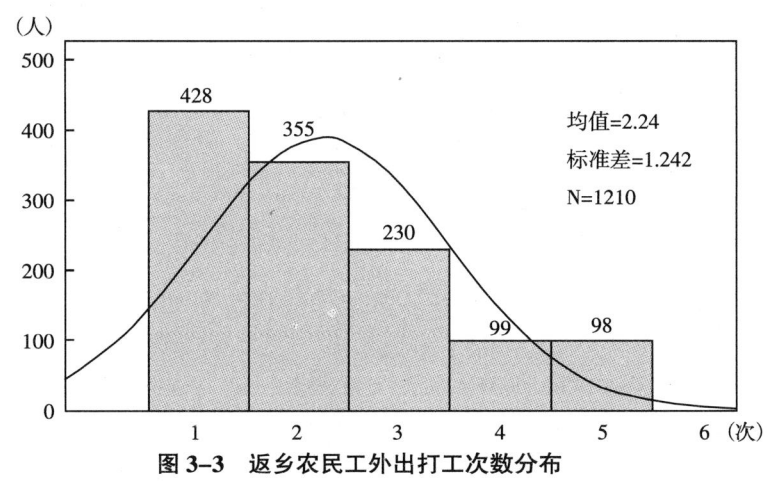

图3-3 返乡农民工外出打工次数分布

在务工时间方面，所有受访者平均在外务工总时间为46.97个月，每次平均在外务工时间为24.64个月。从各次的情况（见表3-1）看，随着务工次数的增多，务工持续时间有缩短的趋势。这一现象可能是因为随着外出务工次数的增多，农民工的视野逐渐开阔，渐渐地开始寻找更为理想的工作；也可能是因为选择多次外出务工的农民工本身倾向于更频繁的流动和更短的工作持续时间。

---

① 少数受访者外出务工次数超过5次，均计为5次，因此平均次数实际值可能比2.24略大。

表 3-1　返乡农民工外出务工平均持续时间

次数	持续时间（月）
第一次	21.94
第二次	16.98
第三次	14.43
第四次	13.39

三、返乡农民工的生活状况

1. 经济收入状况

根据调查数据，返乡农民工当前月收入为913.54元，其家庭平均月收入为2531.68元。但是，这两个统计量的标准差都相当大，分别达到1042.218和3938.473；"目前月收入"的众数为0（另据统计，频数为338，所占百分比为28.5%，因而下四分位数也必然为0），"目前家庭月收入"的众数和中位数均为2000，且上分位数和下分位数分别为3000和2000。结合其偏度系数和峰度系数综合考虑，"月平均收入800元，家庭月平均收入2000元"更能代表当前返乡农民工收入状况的集中趋势。

2. 就业状况

关于返乡农民工目前的就业状况，图3-4有一个直观的呈现。如图3-4所示，目前33.1%的受访者处于"闲着"的状态，21.6%的人通过"打零工"获取收入，而务农和在企业做工的人分别占18.7%和14.0%，另外，还有少数受访者从事个体经营、私营企业经营、农村管理或其他工作。

应当看到，返乡农民工处于"失业"或者"无业"状态的比重很大。结合访谈资料可以发现，这一方面反映了金融危机对我国农民工就业的巨大影响；另一方面也反映了即使大量返乡农民工回到家乡，也并没有立刻回到农田中，许多人处于迷茫和观望状态。对于许多失业返乡的农民工而言，"金融危机"只是一个听来"令人沮丧"的概念，他们对失业完全没有心理准备，也不知道如何应对。

笔者进一步考察了受访者目前收入的最主要来源。76.9%的受访者表示来自"工资性收入"，19.2%的受访者表示是"家庭经营收入"，例如出售农产品或开小卖铺等家庭式经营服务。关于收入的第二大来源，选择"工资性收入"和"家庭经营收入"的受访者分别占65.1%和13.3%。这

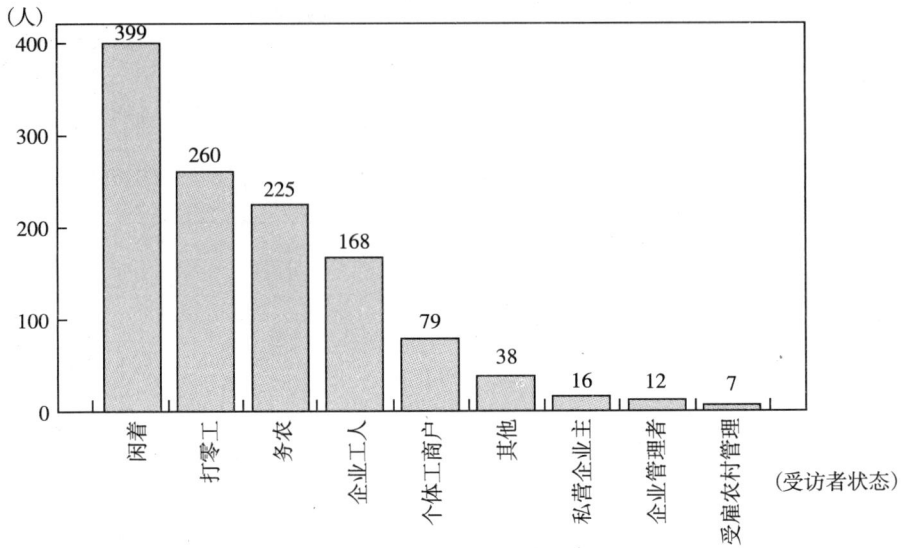

图 3-4 返乡农民工目前的就业状况

一数据与前文所言的就业状况是基本契合点,有收入的返乡农民工就业方式主要有三个:其一是"打零工",即在家附近的城镇、县城从事一些稳定性较弱的工作;其二是"做买卖",主要是利用外出务工期间积累的经济资本或者技术从事个体经营,这类经营的规模大部分都比较小;其三是重新回到土地上务农。

从比例上来说,重新回到土地上的返乡农民工并不多。但是,笔者在调查中也发现,大多数返乡农民工仍然将农村作为自己的"根据地",土地仍然被他们视为最根本的保障。事实上,土地也的确为许多返乡农民工提供了基本生活保障,家里人耕种土地的收益可以暂时维持他们的生计。数据显示,受访者家庭平均承包耕地量为 5.14 亩,75.4% 的受访者表示,他们在最初外出务工时家里仍有人继续耕种,13.0% 的受访者表示"转包给同村人"(见表3-2)。

表 3-2 返乡农民工外出务工期间的耕地处理方式

处理方式	频数(人)	有效百分比(%)
家人继续耕种	881	75.4
转包给同村人	152	13.0
其他	43	3.7

续表

处理方式	频数（人）	有效百分比（%）
撂荒	48	4.1
被征收	22	1.9
出租	19	1.6
集体回收	4	0.3
合计	1169	100.0

3. 居住状况

如表3-3所示，受访者外出务工前家中宅基地平均亩数为2.25亩。在外出务工期间，宅基地上的房屋主要由"家里人住着"（86.2%）和空着（11.4%）。

表3-3 返乡农民工外出务工期间宅基地房屋的处理方式

处理方式	频数（人）	有效百分比（%）
家里人住着	1027	86.2
空着	136	11.4
出租	29	2.4
合计	1192	100.0

调查数据同时显示，受访者家庭平均住房面积为142.05平方米，相信这一水平远远高于一般城市居民。这反映了这样一种现实：许多返乡农民工经济状况并不好，但是住房面积却很大。

调研中的一些发现与此密切相关：住房是农村最为重要的，也是最为显性的家庭经济状况指标，大量农民外出务工最直接的动机就是挣钱盖新房，要么是"给自己盖"，要么是"给儿子盖"。能否盖新房，几乎成为衡量外出务工者有无出息的重要标志，成为一个农村家庭能否娶到媳妇的必要条件。其结果是：①对于某些家庭而言，住房面积很大与经济状况不佳甚至在某种意义上构成了一种因果关系；②新房盖起来后，外出务工的动力也减弱了，而良好的居住条件则进一步对农民工返乡安居形成了一种拉力。

当然，也正是宽敞的房子构成了返乡农民工的基本生活保障，并且对其精神状态和心理调整发挥了重要支撑作用。即使返乡后暂时失业或者收入很低，但相对在城市而言，住房有了保障也就节省了大量的生活成本，而且可以使他们返乡后比较体面地生活下去。

4. 政治参与情况

大量农民外出务工经商，尤其是文化程度较高、年富力强的农民纷纷流出，给农村基层政权建设带来了新的形势。返乡农民工是否可以在当前的农村政治生活和农村组织建设方面发挥重要作用呢？笔者对此也进行了初步的考察。

结果显示，有意向"争取进入村党支部或者竞选村委会委员"的受访者仅为8.3%，绝大多数的人表示对此没有兴趣（见表3-4）。

表3-4 返乡农民工参与村党支部或村委会竞选的意愿

有（无）计划	频数（人）	百分比（%）	有效百分比（%）	累积百分比（%）
有计划	100	8.3	8.3	8.3
无此打算	1067	88.1	88.1	96.4
没想好	44	3.6	3.6	100.0
合计	1211	100.0	100.0	—

调研中谈到这一问题时，一些基层政府工作人员表示，在中西部相对贫困地区，"农民本身就没有什么参政的意识，与发达地区相比，最为主要的原因是参政没有什么实际的利益，许多地方的土地又还不值钱。再加上目前取消了农业税，村集体的工作和收益也减少了，最主要的工作就是管管计划生育的事情，而且这还是得罪人的事情"。

四、返乡农民工的思想状况

1. 经济状况认知

除了对返乡农民工的经济状况进行客观的指标考察外，笔者还特地对返乡农民工关于经济状况的主观认知进行了考量。当被问到"您觉得您目前的经济状况如何"时，49.1%的受访者表示"勉强过得去"，而23.0%的受访者表示"还不错"，21.1%的受访者认为"不太好"，而认为"很糟糕"和"很好"的比例都较小，分别为5.5%和1.2%。同时，就自己的经济状况与同村人相比，57.9%的受访者认为"差不多"，19.1%的受访者认为"差一些"，16.3%的受访者认为"好一些"。

第三章 返乡农民工创业能力分析

结合上述数据,我们可以对返乡农民工群体的经济状况形成一些基本的认识。

第一,由于返乡农民工群体本身存在较大的分化,既有返乡创业并获得成功者,也有综合考虑自身目标和条件决定不再继续外出务工者,还有大量由于失业而返乡者。后文将结合其他数据进一步讨论三类返乡农民工的大致比例,在此暂且不表。可以肯定的是,返乡创业致富的农民工比例较小,而大约七成的返乡农民工处于较低的收入水平。

第二,外出务工的确可以为农民带来更多的收入以改善生活,其中"住得好"是最重要的因素之一。外出务工使很多农民盖起了新房,但并没有使其在就业能力上有所提升。住在盖好的新房里,许多返乡农民工不得不仍然继续面对贫困。

第三,大量返乡农民工很难再回到土地上,事实上往往也不需要回到土地上,因为家里的土地本身就已经有人在耕种了。他们返乡后继续务工经商增加收入的愿望很迫切,但主要是追逐眼前能挣钱的行当,或者增加劳动时间来增加收入,而很难通过提高就业层次来增加收入。

第四,土地和住房构成了返乡农民工的基本保障,尤其是"修了新房"对于返乡农民工的精神和心理具有支撑作用。他们自身对于生活的期望要比我们想象的低。虽然许多农民工常常觉得城市的生活很好,但他们也常常告诉自己,那不是他们的生活。

2. 社会交往认知

对于自身的地位变化认知,在调查的返乡农民工中,大部分认为自己返乡后地位变化并不大(88.4%),只有9.8%的受调查者认为自身地位有明显提高,而1.8%的人则认为自己的地位下降了。

在返乡后与亲戚朋友的关系变化方面,结果也与上述数据保持了内在一致性。78.9%的受访者认为没有什么变化,14.5%的受访者认为与亲戚朋友的关系"更亲密了",6.6%的受访者认为"更疏远了"。

这一结果可以在很大程度上表明,许多农民工返乡后的社会生活和社会交往与外出务工前相比变化不大,在城市的务工经历并没有从根本上改变其生活形态。这一结果与前文提到的受访者在城市务工期间以集体宿舍为主要住所、工作获取途径以熟人介绍为主是相呼应的,在某种程度上也反映了这样一种现实:返乡农民工不仅在人口学特征方面更加接近于未外出人群而不是外出人群①,而且在社会认知和态度上与未外出务工的同村人十分接近。

3. 归属感与精神状态

当被问到"返乡后是否有回到家的感觉"时,89.6%的返乡农民工认为返乡后有回家的感觉,而认为没有的仅占3.2%,还有7.2%的人表示"说不清楚"。这反映出在社会环境方面,返乡农民工还是更适应农村的生活与文化氛围。家乡给他们很强的亲切感与安全感,这种心理方面的拉力也是促使他们返乡的一项很重要的因素。

与此有关,总体而言,受访者尽管在经济上并不宽裕,但是精神状态还算不错。73.6%的受访者表示精神状态"非常好"或"比较好",认为自己精神状态"不太好"或"非常不好"的只有4.6%。

4. 金融危机与国家责任认知

笔者在调查中也粗略地就返乡农民工对金融危机相关问题的认知进行了了解。在被问到"目前金融危机引发国内经济问题,您觉得国家应该管吗"时,51.0%的受访者认为应当"全面干涉",44.4%的受访者认为"应该局部干涉",仅有4.6%的受访者认为不应当干涉。也即是说,在我国特定的国家社会关系下,国家政府对于经济社会事务承担无限责任的意识已经内化为返乡农民工的观念。尽管许多人认为基层政府存在这样那样的问题,但是国家、政府仍然是他们面临困难时的依靠。

至于2008年底2009年初出现的部分企业负责人在金融危机来临时"弃厂逃逸"的现象,受访者的看法却存在着较大分化。33.4%的受访者将其视为"没有良心"、"不负责任",24.7%的受访者将责任归于国家政府,认为国家没有及时采取措施帮助这些企业渡过难关,22.0%的受访者更多地对此类行为表示理解,认为这是一种"理性选择",他们对于企业的道德意识从来就不抱希望,另外还有17.9%的受访者将责任归为地方政府,认为主要是地方政府监管力度不够(见表3-5)。

这一结果表明,将出现这种现象的责任归结到政府的受访者占多数(42.6%),这一结果与前文提到的"多数受访者认为国家应当干涉金融危机引发的问题"相呼应。

---

① 白南生、何宇鹏:《回乡,还是外出?——安徽四川二省农村外出劳动力回流研究》,《社会学研究》2002年第3期。

表 3-5 返乡农民工对金融危机引发企业负责人逃逸的认知

		频数（人）	百分比（%）	有效百分比（%）	累积百分比（%）
具体认知	这些老板就是不负责任，没有良心	390	32.2	33.4	33.4
	国家没有及时地根据形势制定政策帮助企业渡过难关	288	23.8	24.7	58.1
	国际大环境差，普遍都赚不到钱还赔本，当然跑了	257	21.2	22.0	80.1
	地方政府没管好，所以让他们跑了	209	17.3	17.9	98.0
	其他	23	1.9	2.0	100.0
	合计	1167	96.4	100.0	
系统缺失		44	3.6	—	—
合计		1211	100.0	—	—

对金融危机引发大量企业裁人减薪的现象，受访者则表现出了更多的宽容。41%的受访者对企业的这种行为表示理解，认为"企业也是没办法，赚不到钱，大家应该共渡难关"；28.7%和26.9%的受访者分别认为政府和企业应当在这个时候承担责任和经济损失（见表3-6）。

表 3-6 返乡农民工对金融危机引发企业裁人减薪的认知

		频数（人）	百分比（%）	有效百分比（%）	累积百分比（%）
具体认知	企业也是没办法，赚不到钱，大家应该共渡难关	481	39.7	41.0	41.0
	企业这个时候应该负责任，用以前赚的钱来补贴	337	27.8	28.7	69.7
	政府应该负责任，给企业补贴	315	26.0	26.9	96.6
	其他	40	3.3	3.4	100.0
	合计	1173	96.8	100.0	—
系统缺失		38	3.1	—	—
合计		1211	99.9	—	—

总的来说，尽管大量受访的返乡农民工并不明白金融危机的内在含义和形成机制，但是他们在媒体、舆论的引导下基本将其视为一种外来危

机。一方面,他们能够理解金融危机来临时企业的不良行为,但同时又存有道义上的谴责;另一方面他们更将应对并化解危机的希望完全寄托于政府。他们的生活因为金融危机受到了影响,但是也会通过个人努力去克服种种生活中的困难。在他们的意识里,这种容忍、努力也是在应对外来危机过程中自己唯一能做的事情。

5. 现代意识与传统意识考察

笔者结合国内外有关研究,在调查中专门设计了一个考察受访者现代意识和传统意识的量表。量表由30个小题构成,分别列出了一些观点,由受访者逐一判定是否同意这些观点,选择"完全同意"、"比较同意"、"一般同意"、"不太同意"、"很不同意"分别得5、4、3、2、1分。经过描述统计,每个小题的均值为1~5分,可以大致反映出受访者对相应观点的认同情况。分值越高,意味着相应观点受到的认可程度越高(见表3-7)。

表3-7 返乡农民工的传统意识与现代意识认同

类别	题号	观点	认同度(均值)
传统意识测量	7	在待人处事上,与朋友和谐相处十分重要	3.54
	8	别人善意批评,自己应该有雅量接纳	3.40
	9	处理事情前,应该多听听别人的不同意见	3.33
	13	在长辈面前,晚辈应恭恭敬敬	3.29
	10	如果自己的关系够多或后台够硬,要找工作不是件难事	2.73
	12	在单位做事,没有人事背景就很难升级	2.70
	15	子女做重要决定前,必须征得父母同意	2.52
	11	少管闲事、但求自保,是立身处事的重要原则	2.29
	3	看个好日子结婚,婚姻才会美满	2.09
	14	子女的成就应该归功于父母	1.97
	4	男人是一家之主,家中的事应由丈夫做主	1.84
	5	女人婚后的生活重心在家庭,不应外出工作	1.44
	1	祖坟的风水好,就可以做大官、发大财	1.34
	6	用尽各种办法,一定要生个男孩来延续香火	1.34
	2	如果男女双方的生辰八字不合,就该避免结婚	1.24
现代意识测量	29	今天的努力是为了更美好的明天	4.61
	30	时间很宝贵,浪费时间就是浪费生命	4.54
	27	对于犯罪者应依法进行矫治和惩罚	4.52
	21	纵然生于贫苦之家,只要辛勤工作,仍然可以改善生活	4.43

续表

类别	题号	观点	认同度（均值）
现代意识测量	28	人要有自己的未来计划，不能过一天算一天	4.39
	20	人的财富是靠个人努力，不是靠命运安排	4.26
	16	亲人犯了法，应该鼓励他（她）去自首	4.21
	26	只要部下的意见是对的，上司应乐于接受	4.20
	19	只要肯努力，没有做不到的事	4.18
	18	每个人都有权利对国家的重大政策发表意见	4.12
	25	社会福利应有完善的制度来保障，不能只靠民间爱心	4.04
	17	已婚子女不愿生小孩，父母也不必勉强他们	3.43
	22	人生就应该争取吃好的、穿好的、住好的	3.36
	23	钱赚了就是要花的，为什么不过得舒服一点	3.18
	24	告诉别人自己用的物品是名牌，心理上会有满足感	2.46

其中前15个小题列出的观点主要是一些传统意识，后15个小题的观点则主要反映现代意识。从结果上看，受访者对于现代意识的认同程度明显高于对传统意识的认同程度。

如果将前15个小题的按照"完全同意"、"比较同意"、"一般同意"、"不太同意"、"很不同意"分别记5、4、3、2、1分，那么30个小题的平均得分可以大致反映受访者的现代性水平。所有受访的返乡农民工得分分布如图3-5所示，总平均分为3.32分，表明返乡农民工的现代性水平有所提升，但仍然处于较低水平。

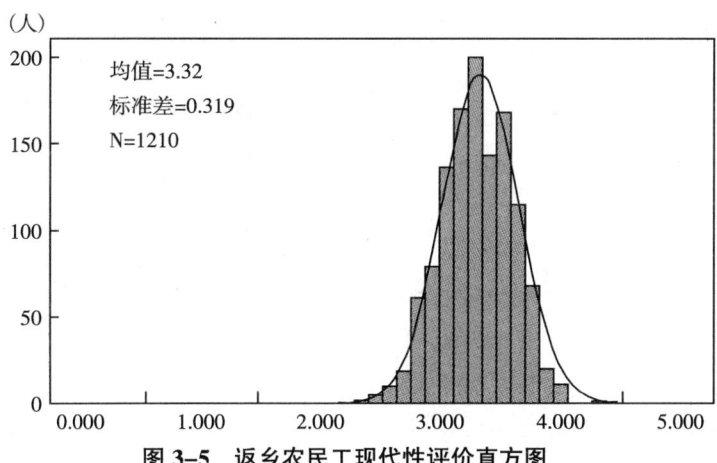

图3-5 返乡农民工现代性评价直方图

第二节 返乡农民工就业变动性分析

农民工返乡就业的变动性,一方面,可以在一定程度上反映其人格特征;另一方面,也可以反映其城乡融入情况。农民工变换工作的可能性越大,其愿意进行新尝试、接受新挑战的可能性越大,越具备创业者的人格特征。

一、问题陈述

城市大量的就业机会以及生活的便利性是吸引农民工进入城市工作的重要因素;但实际中,农民工的就业状况往往显现出了低稳定性和高离职率。"民工荒"一方面预示着符合产业水平的劳动无限供给时代的终结;另一方面更体现了农民工流动就业已经历了30多年,但农村劳动力向城市实现稳定转移的制度环境仍然没有形成。

对农民工个体而言,他们发生工作流动的具体原因千差万别,劳动报酬、工作环境、婚姻、子女抚养和职业病等都可能成为他们离职或变换工作的原因;但农民工作为我国经济发展过程中出现的特有群体,其高流动性必定部分源自于其群体特性以及现实状况与群体期望的差距。本书的研究重点在于当下农民工就业高流动性的具体状况及其影响因素。

在西方理论中,对于工作流动主要有两种解释取向:空缺驱动模型和劳动力市场分割理论①。

空缺驱动是指工作岗位的空缺能为工作流动创造机会。而中国的状况是,低技术工作的劳动力供大于求,农民工在职业上的上升空间小,很少向上流动,一般是同类型的工作横向流动。同时,这一理论的假定是雇主和雇员关系稳定,但中国的农民工与雇主关系松散,农民工对于特定的行业和职位没有特殊的偏好与忠诚度,雇主也不会对市场供给充分的低技术劳动力予以重视。因此,空缺驱动模型可能不适用于分析中国农民工的工

---

① Rosenfeld Rachel A., "Job Mobility and Career Processes", *Annual Review of Sociology*, Vol. 18, 1992.

作流动。

　　劳动力市场分割理论认为，劳动力市场是分割的而非同质的，其基本假定是劳动力市场并不是一个同质的整体，不同劳动力市场产生不同的工作流动需求。在劳动力市场分割的诸多情形中，最重要的一组分割是初级市场和次级市场，或"核心"与"边缘"。通常，次级劳动力市场中的工作流动率较高，因为这些部门中的工作欠稳定、缺乏晋升空间①。与空缺驱动模型相比，劳动力市场分割理论更符合农民工工作流动的实际状况。但是这一理论对于解释工作流动性的差异仅仅是描述性的，在农民工换工问题上表现为，农民工因为处在边缘或次级部门中，所以工作流动频繁；而农民工在边缘或次级部门中就业，又是因为他们的工作流动频繁。因此，这一理论无法分析农民工高工作流动性的内在因素。

　　国内学者对农民工的流迁研究也关注了农民工的高流动性，但主要关注农民工的城乡迁移。农民工流动应当分为两个阶段，"初次流动"是指从农村流入城市；在城市工作以后，农民工在不同工作之间的转变为"二次流动"，虽然可能包含地理上的迁移，但这一阶段的流动主要是工作上的。尽管有两个阶段的流动，但国内众多研究农民工流动的文献仅探讨了农民工的初次流动，其中"民工潮"和"民工荒"是最为集中的两大议题。

　　Knight John 和 Linda Yueh 曾比较城市居民和农民工在工作流动上的差别，发现农民工的换工发生率明显高于城市居民。农民工的工作流动主要是以自愿性流动为主，虽然也存在由于工厂倒闭或被解雇等非自愿性的工作变换，但这一群体在城市中的自愿性工作流动比例仍明显高于城市居民②。事实上，农民工常常能够通过变换工作来略微提高收入③或改善权益状况④。因此，该群体的工作变换应该作为与其城乡迁移同等重要的问题加以重视，先前的国内研究恰恰对这一议题关注不足。国内学者对农民工的流动与迁移研究也关注了农民工的高流动性，但主要关注农民工的城乡迁移。

---

① Reich Michael, David M. Gordon and Richard C.Edwards, "A Theory of Labor Market Segmentation", *The American Economic Review*, Vol.63, May 1973.
② Knight John and Linda Yueh, "Job Mobility of Residents and Migrants in Urban China", *Journal of Comparative Economics*, Vol.32, 2004.
③ 刘林平、万向东、张永宏：《制度短缺与劳工短缺》，社会科学文献出版社2007年版。
④ 简新华、张建伟：《从"民工潮"到"民工荒"——农村剩余劳动力有效转移的制度分析》，《人口研究》2005年第2期。

而国内有关农民工工作流动性的研究一般都是宏观层面的理论探讨或描述性分析,很少应用实证分析或量化方法研究农民工工作流动性的影响因素;而少有的实证分析也只对工作变动发生进行分析,并不考虑变动发生的时间间隔[①]。

从文献回顾中可以看到,对于农民工的流动性问题,国内学者关注的主要是初次流动,对于二次流动的研究比较少,相关的实证分析也只关注是否发生流动这一变量。然而,对于工作流动的研究重点是农民工进城工作的稳定性,不但要考虑到是否发生工作流动,更要考虑工作流动发生的时间间隔,一般来说,时间越长,稳定性越高;单纯地将是否发生流动作为因变量,将会在分析中错失时间间隔的信息。

因此,本书的因变量将包含进城打工的农民是否发生工作流动以及多久发生工作流动这两个因素;了解农民工进城务工的工作流动性,在此基础上将进一步探究其影响因素,包括其自身条件、个人意愿以及务工情况等变量。并在此基础上,收集相关的时间数据,建立风险比例模型,实证分析有助于找到农民工就业稳定性的影响因素及影响水平,有助于掌握新形势下农民工的就业诉求,从而为进一步探讨创业能力及意愿构成论证基础。

二、模型方法

对一定时间内事件的发生或状态的改变建立模型需要使用事件史分析技术。由于本调查所使用的数据在测量单位上相对较为精确,且回顾性的数据所涉及时间段较长,适用于连续时间模型。本书采用的事件史模型为Cox比例风险模型,是一种参数模型,也是连续时间模型的一类,其假定时间的分布呈指数分布,常用的模型公式为:

$$\ln h(t) = a(t) + b_i X_i$$

即假设事件的发生风险之比是一个常数,只取决于个人特征而与时间无关,因此,在建立模型进行分析时可以专心致力于解释协变量。

为了验证数据能否满足Cox回归的假设条件,本书利用数据描绘了K-M生存函数曲线(见图3-6),发现有孩子的农民工在城市工作的变动间隔

[①] 梁雄军、林云、邵丹萍:《农村劳动力二次流动的特点、问题与对策——对浙、闽、津三地外来务工者的调查》,《中国社会科学》2007年第3期。

大于没有孩子的农民工，也就是说，其稳定性受到家庭因素的影响。从 K-M 生存函数上可以看出，两条函数线并不相交，满足 Cox 回归的假设前提。

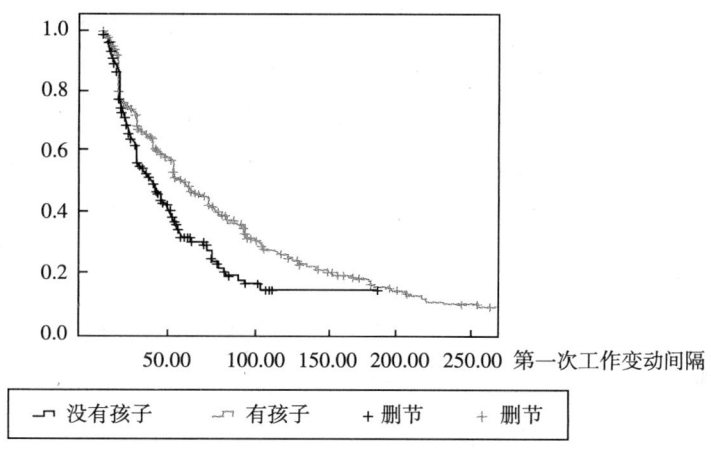

图 3-6 K-M 生存函数检验

三、农民工转换工作频率分析

在调查问卷中，以回顾性问题对农民工各次外出的详细情况进行测量，以变换工作城市或者返乡半年以上作为次与次的分界，那么便推出，变换工作地次数与外出次数相差 1。经过描述统计，所调查样本平均外出次数为 2.21 次，标准差为 1.23。如表 3-8 所示，农民工外出次数以 1 次居多，即可认为未变换过工作地的农民工居多，超过六成的农民工变换一次或未变换工作地。外出 4 次及以上（即变换 3 次工作地及以上）的农民工仅占 7%左右。可以推测，农民工流动频率不高。

表 3-8 农民工流动频率分布表

外出次数	频数（人）	百分比（%）	有效百分比（%）	累积百分比（%）
1	426	36.0	36.0	36.0
2	352	29.7	29.7	65.7
3	225	19.0	19.0	84.7
4	87	7.3	7.3	92.0
5	94	7.9	7.9	99.9
合计	1184	99.9	99.9	—

四、外出间隔时间分析

在对外出频率进行统计后,对每两次外出的间隔时间进行进一步统计。如表3-9所示,间隔时间的均值与标准差均在30个月以上。而第一、第二次外出的时间间隔即第一次开始变换打工地的时间间隔约三年半,而随着变换次数的提高,间隔时间均值呈下降趋势。而图3-7则显示出不同变换工作次数的时间间隔分布,可以看出,时间间隔集中趋势明显,也存在较多时间较长的观察值。

表3-9 间隔时间描述统计

	N	极小值	极大值	均值	标准差
第一、第二次外出的间隔时间	1184	0.00	408.00	43.2230	45.81047
第二、第三次外出的间隔时间	758	1.00	270.00	32.3615	34.92167
第三、第四次外出的间隔时间	406	1.00	264.00	31.0296	39.09639

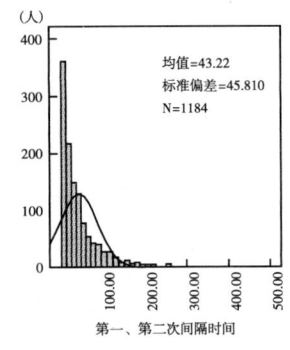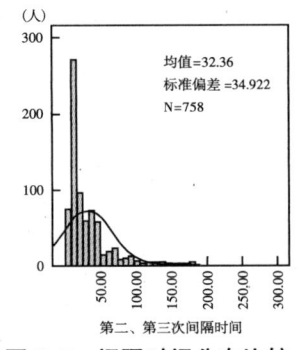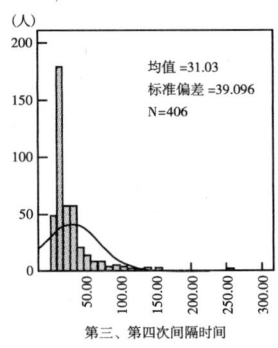

图3-7 间隔时间分布比较

单就第一、第二次间隔时间而言,经过方差检验可以看出,间隔时间与外出流动次数具有显著相关(见表3-10)。

表3-10 第一、第二次间隔时间与外出次数方差分析

	平方和	df	均方	F	显著性
组间	98727.853	4	24681.963	12.207	0.000
组内	2383915.282	1179	2021.981	—	—
总数	2482643.135	1183	—	—	—

五、第一、第二次外出时间间隔的事件史分析

上文对前三次变换工作时间间隔进行了描述分析,以下将针对大部分农民工都进行过的第一、第二次时间间隔进行事件史实证研究。

本书选取是否进行过一次工作地变换为因变量,选取个人及家庭因素、禀赋、第一次外出打工情况等作为自变量分步纳入模型。表3-11详细展现了各自变量的情况。

表3-11 自变量描述分析

	定义	均值	标准差
个人及家庭			
性别	男=1,女=0	0.670	0.470
独生子女	是=1,否=0	0.078	0.268
户籍	城市=0,农村=1	0.926	0.261
是否有配偶	是=1,否=0	0.650	0.477
收入		7126.367	12777.808
子女数		1.090	1.032
禀赋			
现代性得分		3.32	0.3192
受教育程度(参照=小学)			
初中		0.542	0.498
高中		0.211	0.408
大专及以上		0.053	0.224
是否受过培训	是=1,否=0	0.196	0.397
未来打算	创业=1,其他=0	0.240	0.429
工作是否稳定	是=1,否=0	0.549	0.498
第一次外出打工情况			
工作来源	亲缘=1,其他=0	0.756	0.430
外出打工居住状况	租房=1,其他=0	0.624	0.485
是否与配偶同住	是=1,否=0	0.150	0.355
N	1184		

将自变量纳入 Cox 模型,得出结果,如表 3-12 所示。可以看出,是否有配偶、收入在三个模型中均处于非常显著的水平,而高中文化程度在全模型中才具有显著性,亲缘关系介绍更易发生风险。但值得注意的是,

性别、是否是独生子女、户籍、子女数对于流动风险的发生没有显著影响。而现代性、培训情况、工作是否稳定等也具有显著性，这与以往的非时间序列分析得出的结论有所不同。前一次外出的情况等也没有特别显著的影响。

表 3-12　Cox 回归结果

	Model 1	Model 2	Model 3
个人及家庭			
性别（男=1，女=0）	1.066	1.058	1.045
独生子女（是=1，否=0）	0.939	0.933	0.905
户籍（城市=1，农村=0）	1.096	1.176	1.135
是否有配偶（是=1，否=0）	0.576***	0.583***	0.581***
收入	1.000**	1.000**	1.000**
子女数	0.912	0.917	0.932
禀赋			
现代性得分		1.045	1.022
受教育程度（参照=小学）			
初中		1.116	1.150
高中		1.230	1.281*
大专及以上		1.189	1.245
是否受过培训（是=1，否=0）		0.929	0.929
未来打算（创业=1，其他=0）		0.957	0.961
工作是否稳定（是=1，否=0）		0.963	0.962
第一次外出打工情况			
工作来源（亲缘=1，其他=0）			1.212*
外出打工居住状况（租房=1，其他=0）			0.944
是否与配偶同住（是=1，否=0）			0.867
sig.	0.000	0.000	0.000
N	1184		

注：* 表示 0.05 水平下显著，** 表示 0.01 水平下显著，*** 表示 0.001 水平下显著。

六、小结

上文就多次流动的时间特征进行了分析，并抽取首次变换工作（即第一、第二次时间间隔）作为代表进行分析。农民工流动模式显现出以下几个特征：

第一，流动次数较少，多为两次流动；流动间隔较大，高次流动稀少。这可能与以亲缘为主的工作介绍方式与流动成本较高有关。农民工在城市中多处于底层劳动力水平，其流动的动因多以收入的提高为主，而农民工大规模集中的京津、长三角、珠三角等地底层劳动力收入水平基本持平，流动时付出的成本较高，而收入预期实现有限。

第二，亲缘对流动影响较大，配偶影响大于子女。由于农民工流动注重成本，对事业发展期望不高，低成本的亲缘关系对于流动具有促进作用。而是否有配偶影响较大，配偶是否一起住则未体现出显著性，这可能与有配偶时收入具有共担风险有关，使其具有更高的风险耐受力。

第三，禀赋对于流动风险的发生没有体现出显著性。可以推测，由于农民工禀赋大多相近，高端劳动者较少，禀赋未对风险发生表现出影响。

第三节 返乡农民工的创业资源禀赋分析

资源禀赋最早指一个国家的劳动力、资本、土地、技术、管理等生产要素，Firkin 把资源禀赋的概念引入创业管理领域，认为创业者的资源禀赋包括经济资本、人力资本和社会资本三部分①。国内学者彭华涛、谢科苑在 Firkin 研究的基础上，探讨了创业者资源禀赋与资本积聚、机会认知、创业决策的关系，论证了创业者资源禀赋的重要性②。杨俊、张玉利把创业者禀赋应用于创业行为的过程研究，发现创业是基于企业家资源禀赋演变的机会驱动行为过程，并指出企业家资源禀赋的差异是导致微观创业行为异质性的根本原因③。笔者在本节利用 Firkin 创业企业家资源禀赋模型，从经济资本、人力资本、社会资本三个方面来分析返乡农民工创业资源禀赋的整体状况和特征，以及资源禀赋对返乡农民工创业决策的影响。

---

① Firkin Patrick, "Entrepreneurial Capital: A Resource based Conceptualization of the Entrepreneurial Process", *Labour Market Dynamics Research Program Working Paper*, No. 7, 2001.
② 彭华涛、谢科苑:《创业企业家资源禀赋的理论探讨》，《软科学》2005 年第 5 期。
③ 杨俊、张玉利:《基于企业家资源禀赋的创业行为过程分析》，《外国经济与管理》2004 年第 2 期。

一、返乡农民工创业的经济资本分析

经济资本是指返乡创业农民工所有可直接变现的各种财务资产的总和,是创业的经济基础。在本次调查中,笔者对农民工的月收入、家庭月收入及对自身经济状况的认知情况进行询问,以此分析农民工经济资本的总体特征,以及经济资本对创业决策的影响。

根据调查数据,返乡农民工当前月收入为913.54元,其家庭平均月收入为2531.68元。前文的分析已经表明,"月平均收入800元,家庭月平均收入2000元"更能代表当前返乡农民工的收入状况。

为了进一步考察返乡农民工的经济状况,笔者将"月收入"和"家庭平均月收入"这两个变量通过SPSS软件进行了自动分组,并进行频数统计,得到表3-13和表3-14,以更加清楚地分析返乡农民工的收入状况。

表3-13 当前返乡农民工月收入分布(分组)

	月收入(元)	频数	百分比(%)	有效百分比(%)	累积百分比(%)
有效	≤500	494	40.8	41.6	41.6
	501~1000	327	27.0	27.5	69.1
	1001~1500	162	13.4	13.6	82.7
	1501~2000	120	9.9	10.1	92.8
	2001~2500	20	1.7	1.7	94.5
	2501~3000	34	2.8	2.9	97.4
	3001~3500	6	0.5	0.5	97.9
	3501~4000	14	1.2	1.2	99.1
	4001~4500	2	0.2	0.2	99.2
	4501~5000	3	0.2	0.3	99.5
	5501+	6	0.5	0.6	100.2
	合计	1188	98.1	100.0	—
系统缺失		23	1.9	—	—
合计		1211	100.0	—	—

表3-14 当前返乡农民工家庭月收入分布(分组)

	月收入(元)	频数	百分比(%)	有效百分比(%)	累积百分比(%)
有效	≤1000	370	30.6	31.2	31.2
	1001~2000	364	30.1	30.7	61.9
	2001~3000	226	18.7	19.0	80.9

续表

月收入（元）	频数	百分比（%）	有效百分比（%）	累积百分比（%）
3001~4000	103	8.5	8.7	89.6
4001~5000	52	4.3	4.4	94.0
5001~6000	19	1.6	1.6	95.6
6001~7000	12	1.0	1.0	96.6
7001~8000	5	0.4	0.4	97.0
9001~10000	14	1.2	1.2	98.2
11001~12000	2	0.2	0.2	98.4
12001~13000	1	0.1	0.1	98.5
13001~14000	3	0.2	0.3	98.8
14001~15000	3	0.2	0.3	99.1
15000+	13	1.1	1.1	100.2
合计	1187	98.2	100.0	—
系统缺失	24	2.0	—	—
合计	1211	100.2	—	—

不难发现，返乡农民工收入状况呈现出以下特点：

（1）相当比重的返乡农民工收入很低，月收入低于500元的受访者占41.6%，低于1000元的占69.1%；家庭月收入低于1000元的受访者占31.2%，低于2000元的占61.8%。这就意味着，七成左右的返乡农民工经济状况不容乐观。

（2）返乡农民工收入差异较大，少数返乡农民工（2.6%）平均月收入超过3000元，甚至有的收入近万元，家庭月收入超过20000元的也有10位。结合访谈资料发现，这些高收入返乡农民工主要都是私营业主或者技术人员，返乡农民工内部的分化是十分明显的。

笔者进一步对农民工月收入与是否想回家创业进行了对比分析（见图3-8）。可以看到，随着月收入的提高，在返乡原因中想回家创业（问卷中"十分符合"和"比较符合"两项）所占的百分比也相对越高，而不想回家创业（问卷中"不太符合"和"很不符合"两项）的比例下降。这一数据初步表明，返乡农民工经济资本的状况对创业决策有一定的影响，创业启动资金不足是农民工创业的障碍之一。

另外，笔者还分析了返乡农民工自身经济状况认知对创业决策的影响。从图3-9可以看出，随着返乡农民工自身经济状况认知情况的好转，想回家创业的百分比有上升的趋势。这说明经济现状对返乡农民工的创业

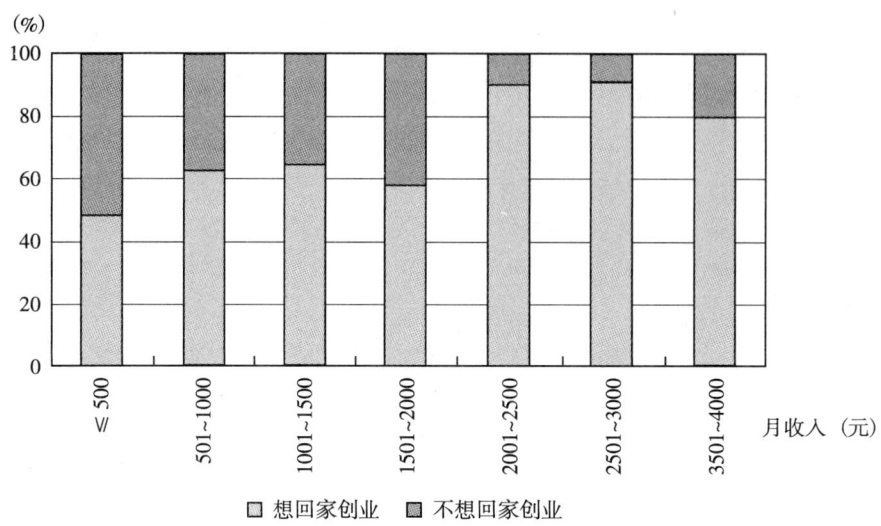

图 3-8　不同月收入受访者返乡创业意愿对比

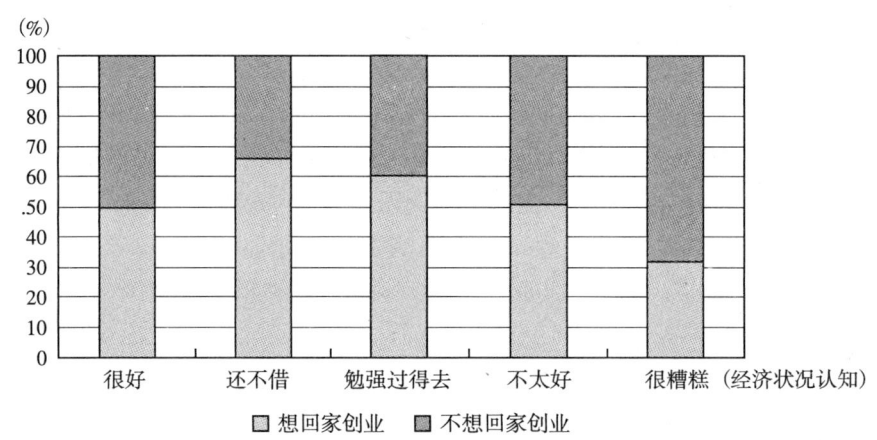

图 3-9　不同经济状况认知受访者返乡创业意愿对比

行为有一定的影响，经济情况越好，越倾向于创业。

二、返乡农民工创业的人力资本分析

目前，在研究农民工创业者的个体因素中，人力资本是众多学者关注的焦点。按照舒尔茨的观点，人力资本是体现在劳动者身上的以劳动者的数量和质量表示的资本,包括医疗保健、在职培训、正规教育、成人学习项目、就业迁移五大类①。劳动者的知识、技术水平、劳动技能的高低,决定了人力资本对经济的生产性作用的不同。创业者对创业机会的感知和把握往往以特定产业与工作背景为依托,大多数是在其工作的产业或者相关产业内发现创业机会而从事创业的。因此,返乡农民工群体的受教育程度、以往工作经历和所在行业的工作经验等人力资本对其创业行为有着重要影响。

返乡创业农民工的人力资本由一般人力资本和特殊人力资本构成:一般人力资本包括个体受教育背景、以往的工作经验及个性品质特征,特殊人力资本包括产业人力资本(特定产业相关的知识、技能和经验)与创业人力资本(先前的创业经验或创业背景)。利用本次调查中的受教育情况、外出务工经历的职业、现代性水平分析农民工创业的一般人力资本;用接受或参与过职业培训分析特殊人力资本。

1. 一般人力资本

如表3-15所示,从受教育状况看,受访返乡农民工多集中于初中教育程度,占总人数的54.6%;而高中教育程度的为164人,占13.6%;但大专及以上学历的比例依然较低,只占总人数的5.1%。总体来看,返乡农民工整体受教育程度偏低。

表3-15 返乡农民工受教育情况

受教育情况	频数(人)	有效百分比(%)
不识字或识字很少	28	2.3
小学	205	17.0
初中	658	54.6
中专、技校	88	7.3
高中	164	13.6
大专高职	51	4.2
大学本科及以上	11	0.9
合计	1205	99.9

从职业来看,受访者主要从事技术含量低、可替代性强的职业,其中最主要的是加工制造业、建筑业和基础性生活服务业(住宿餐饮、批发零

---

① [美]西奥多·舒尔茨:《论人力资本投资》,北京经济学院出版社1988年版。

售、家政服务、交通运输、保安物业等),分别占43.7%、26.8%和19.3%(见表3-16)。但是,正是因为农民工所从事的职业技术含量较低,其创业也常常倾向于选择技术含量较低的行业,而这类行业的创业门槛往往不高。

关于职业的变化情况,以下一些现象是值得关注的:

(1)总体来看,受访者的职业并没有随着务工时间的增加而呈现出显著的变化,也就是说,受访者的职业长期处于较低层次。

(2)加工制造业占据较大比重,也再次印证了调查进行期间和此前一段时间内国际金融危机对国内加工制造业的重大影响。

(3)建筑行业的农民工通常是以"包工队"的形式组织起来的。从事建筑行业的比例随着打工次数增加而呈上升趋势,可能反映了这样一种机制:务工期间形成的"小圈子"对于农民工获取就业机会和其社会生活有较强的支撑作用。

表3-16 返乡农民工外出务工的职业分布

职业	第一次		第二次		第三次		第四次		第五次		综合	
	频数(人)	频率(%)	频数(人)	频率(%)	频数(人)	频率(%)	频数(人)	频率(%)	频数(人)	频率(%)	频数(人)	频率(%)
建筑	198	25.4	137	32.2	70	36.1	38	37.3	279	23.3	722	26.8
加工制造	362	46.5	177	41.5	85	43.8	43	42.2	512	42.8	1179	43.7
住宿餐饮	67	8.6	31	7.3	18	9.3	5	4.9	85	7.1	206	7.6
批发零售	22	2.8	17	4.0	5	2.6	6	5.9	64	5.4	114	4.2
家政服务	17	2.2	7	1.6	0	0	2	2.0	31	2.6	57	2.1
交通运输	13	1.7	8	1.9	5	2.6	2	2.0	39	3.3	67	2.5
保安与物业管理	26	3.3	5	1.2	0	0	0	0	47	3.9	78	2.9
技术性服务	50	6.4	33	7.7	7	3.6	3	2.9	87	7.3	180	6.7
其他	24	3.1	11	2.6	4	2.1	3	2.9	52	4.3	94	3.5
合计	779	100.0	426	100.0	194	100.1	102	100.1	1196	100.0	2697	100.0

前文已经对返乡农民工的传统意识和现代意识进行了基本描述。将测量指标进行分组，可以进一步了解返乡农民工的现代意识和传统意识。传统意识大致可以分为三个领域，即关系认知、家庭观念和科学理性，而现代意识的若干指标大致可以划归为主体意识、制度认同和消费观念三个类别。

如表3-17所示，经历了城市生活的返乡农民工，在思想意识上形成了传统与现代的融合与冲突。他们普遍认同主观努力对于个人发展的决定性作用，却又仍然认同"关系"、"圈子"在社会生活中的巨大作用；他们对现代国家制度的认同基本形成，却又没有彻底逐渐摆脱传统家庭观念的束缚；他们已经逐渐认同科学、理性，但是又没有建立起商品社会的消费观念。正因为如此，许多返乡农民工在认知上常常迷茫，他们能够感觉到城市生活的美好，也能感觉到与城市的距离；他们不甘心在乡村继续清苦，但是对乡土又有着难以割舍的眷恋。

现代性水平与市场经济具有高度的契合性，可以对创业形成良好的支撑。总体来看，返乡农民工的现代性水平有所提升，但是传统意识的影响也很显著，这种模糊性的意识落实在创业上，则可能体现为创业意识和创业机会捕捉能力有所提升，但是在创业过程管理能力方面相对薄弱。

表3-17 返乡农民工的传统意识与现代意识认同

类别	题号	观点	认同度（均值）
关系认知	7	在待人处事上，与朋友和谐相处十分重要	3.54
	8	别人善意批评，自己应该有雅量接纳	3.40
	9	处理事情前，应该多听听别人的不同意见	3.33
	13	在长辈面前，晚辈应恭恭敬敬	3.29
	10	如果自己的关系够多或后台够硬，要找工作不是件难事	2.73
	12	在单位做事，没有人事背景就很难升级	2.70
	11	少管闲事、但求自保，是立身处事的重要原则	2.29
家庭观念	15	子女做重要决定前，必须征得父母同意	2.52
	14	子女的成就应该归功于父母	1.97
	4	男人是一家之主，家中的事应由丈夫做主	1.84
	5	女人婚后的生活重心在家庭，不应出外工作	1.44
科学理性	3	看个好日子结婚，婚姻才会美满	2.09
	1	祖坟的风水好，就可以做大官、发大财	1.34

续表

类别	题号	观点	认同度(均值)
科学理性	6	用尽各种办法,一定要生个男孩来延续香火	1.34
	2	如果男女双方的生辰八字不合,就该避免结婚	1.24
主体意识	29	今天的努力是为了更美好的明天	4.61
	30	时间很宝贵,浪费时间就是浪费生命	4.54
	21	纵然生于贫苦之家,只要辛勤工作,仍然可以改善生活	4.43
	28	人要有自己的未来计划,不能过一天算一天	4.39
	20	人的财富是靠个人努力,不是靠命运安排	4.26
	19	只要肯努力去做,没有做不到的事	4.18
	17	已婚子女不愿生小孩,父母也不必勉强他们	3.43
制度认同	27	对于犯罪者应依法进行矫治和惩罚	4.52
	16	亲人犯了法,应该鼓励他(她)去自首	4.21
	26	只要部下的意见是对的,上司应乐于接受	4.20
	18	每个人都有权利对国家的重大政策发表意见	4.12
	25	社会福利应有完善的制度来保障,不能只靠民间爱心	4.04
消费观念	22	人生就应争取吃好的、穿好的、住好的	3.36
	23	钱赚了就是要花的,为什么不过得舒服一点	3.18
	24	告诉别人自己用的物品是名牌,心理上会有满足感	2.46

2. 特殊人力资本

特殊人力资本指与特定产业相关的知识、技能和经验,对于返乡农民工来说,主要表现为务工前或者务工期间参与的职业培训,以及在职业中所积累的知识、技能和经验。通过本次调查,主要可以得到以下两点认识。

(1)返乡农民工的特殊人力资本水平不高,但仍具有相对优势。如表3-18所示,有将近一半的返乡农民工在务工前或者务工期间参与过职业培训,他们是带着技术返乡的。与没有外出打工经历的农民相比,他们在自主创业方面有着明显的技术和经验优势。

(2)返乡农民工接受的培训多来自工作单位,政府和职业介绍所提供的培训较少。返乡农民工在工作单位接受培训的占72%,且大多数集中在制造、加工、建筑、维修四个行业。同时,受访者参与过由政府和职业介绍所举办的培训的比例很低,尚不足5%。也就是说,在促进农民工就业和创业的培训方面,政府和相关社会组织目前发挥的作用还十分有限。

表 3-18 返乡农民工参加职业培训情况

职业	政府	单位	职业介绍所	其他	合计
保洁、家政服务	5	26	1	1	33
餐饮、酒店	2	54	6	4	66
美容美发、保健	5	21	4	12	42
制造、加工	6	189	6	30	231
建筑、装修	5	64	6	36	111
电焊、维修	3	40	4	19	66
合计	26	394	27	102	549

三、返乡农民工创业的社会资本分析

自 20 世纪 80 年代布迪厄将社会资本的概念引入社会科学领域后，这种新型的资本形式就受到了广泛的关注。布迪厄认为，社会资本存在于社会关系之中，将社会资本定义为"实际的或潜在的资源的集合，这些资源与由相互默认或承认的关系所组成的持久网络有关，而且这些关系或多或少是制度化的"①。社会资本对创业的贡献表现在两个方面：一方面提供了市场机会；另一方面，提供信息与资源的支持以助于企业家更好地发现市场机会②。大量实证研究对此提供了支撑。有调查表明，42%的创业者认为，工作伙伴、朋友或家庭是其创业机会的信息来源；50%的创业者与潜在客户或顾客讨论创业想法；与朋友或家庭成员讨论创业想法的占 46.5%；向工作伙伴征求意见的占 52%③。

就返乡农民工的社会资本而言，可以从两个方面来进行初步的考察。首先，可以通过返乡农民工务工期间的住所情况分析其基本的人际关系网络。表 3-19 十分清晰地展示了受访者外出务工期间的住所情况。综合五次的数据可以看到，住集体宿舍是返乡农民工外出务工期间最为主要的居住方式，平均占 60%以上，这就在很大程度上决定了大量农民工在城市的社会关系是以职业为纽带建立的，"工友"是他们最为主要的人际网络。

---

① 李惠斌、杨雪冬主编：《社会资本与社会发展》，社会科学文献出版社 2000 年版。
② 胡晓娣：《社会资本对创业机会识别的影响机理研究》，《生产力研究》2009 年第 20 期。
③ 杨俊、张玉利：《基于企业家资源禀赋的创业行为过程分析》，《外国经济与管理》2004 年第 2 期。

表 3-19　返乡农民工外出务工期间的住所情况

住房类型	第一次		第二次		第三次		第四次		第五次		综合	
	频数(人)	频率(%)	频数(人)	频率(%)	频数(人)	频率(%)	频数(人)	频率(%)	频数(人)	频率(%)	频数(人)	频率(%)
集体宿舍	526	68.2	286	67.5	129	67.2	67	66.3	651	55.1	1659	62.1
租房	197	25.6	108	25.5	61	31.8	31	30.7	447	37.8	844	31.6
其他	25	3.2	16	3.8	1	0.5	2	2.0	34	2.9	78	2.9
住亲戚家	22	2.9	12	2.8	1	0.5	0	0	39	3.3	74	2.8
自购房	1	0.1	2	0.5	0	0	1	1.0	11	0.9	15	0.6
合计	771	100.0	424	100.1	192	100.0	101	100.0	1182	100.0	2670	100.0

其次，我们可以进一步从返乡农民工获取工作机会的途径来了解他们拥有和利用社会资本的情况。笔者详细考察了受访者每次获得工作的途径（见表3-20），一个十分显著的现象是：受访者外出务工大多数是通过亲戚朋友介绍（46.5%）和同村同乡介绍（26.1%），即通过熟人介绍的占据70%以上。当地政府部门和职业介绍机构的作用微弱，共仅占2.5%。因此，返乡农民工的社会网络多是同质性的，多依赖于亲缘地缘关系。

表 3-20　返乡农民工获取工作机会的途径

途径	第一次		第二次		第三次		第四次		第五次		综合	
	频数(人)	频率(%)	频数(人)	频率(%)	频数(人)	频率(%)	频数(人)	频率(%)	频数(人)	频率(%)	频数(人)	频率(%)
亲戚朋友介绍	391	50.3	178	41.9	80	40.8	39	38.2	570	47.4	1258	46.5
同村同乡介绍	218	28.0	131	30.8	52	26.5	30	29.4	274	22.8	705	26.1
政府部门招工	6	0.8	3	0.7	3	1.5	1	1.0	8	0.7	21	0.8
当地职介所介绍	19	2.4	7	1.6	2	1.0	0	0	18	1.5	46	1.7
根据城里招工信息去应聘	21	2.7	25	5.9	10	5.1	4	3.9	60	5.0	120	4.4
进了城再找工作	101	13.0	64	15.1	32	16.3	22	21.6	227	18.9	446	16.5
其他	22	2.8	17	4.0	17	8.7	6	5.9	46	3.8	108	4.0
合计	778	100.0	425	100.0	196	99.9	102	100.0	1203	100.1	2704	100.0

从前四次的数据比较来看,"亲戚朋友介绍"的比例逐渐降低,而"进了城再找工作"的比例则逐渐提高。也就是说,受访者在求职过程中对于亲缘关系的依赖逐渐减弱,更多地依靠自身人力资本和在城市务工期间建立的社会关系,但是从绝对数来看,这种转变的程度是很弱的。返乡农民工在城市所拥有的社会资本远远小于其在家乡所拥有的社会资本。

根据以上分析,结合调研过程中对受访者的访谈情况,我们可以看到返乡农民工的社会资本具有以下特点:

首先,返乡农民工社会网络规模较小,社会关系资本不足。农民工的社会网络主要包括家乡和城市两个部分。在家乡,他们主要与家庭成员、同乡和亲戚交流互动。在城市,他们大多数住在单位集体宿舍(或工棚)或者自己租房与同乡一起住,接触和交往的往往限于同乡和工友;农民工在社区中的交往只限于房东、社区管理者等,且常常只是功能性的交往,例如交房租、履行社区管理规定等。总体来说,农民工可利用的社会资本较少。

其次,农民工的社会资本主要建立在传统的亲缘、地缘支撑的初级社会关系网络上,异质性弱,对于创业机会感知的贡献很弱。这种以初级群体为基础的社会网络一方面在经济和精神上支持农民工较快适应城市环境,为农民工提供了寻找工作和创业相关的信息;另一方面,强化了农民工生存的亚社会生态环境,阻碍着其对城市的认同与归属,减少了农民工与市民互动的广度和深度,客观上形成了农民工与城市主流社会、主流文化的疏离,不利于异质性社会资本的形成。

最后,组织形式的社会资本缺失。组织社会资本能为组织内部成员提供一个信息共享、实现合作的平台。通过成员间的权责分享和提供给成员广泛参与组织决策过程的机会,使其成员得到尊重和认同。目前与农民工创业有关的组织很少或者几乎没有,只是政府相关部门提供少部分的职业培训,宣传扶持返乡农民工创业的政策,并没有完全为农民工创业提供服务的政府组织。而关于农民工创业的社会自组织也很匮乏,整个农民工创业群体没有形成合力共同面对问题、促进创业和发展。

第四节 创业资源禀赋对创业行为的影响分析

一、研究方法

根据以往的研究成果,本书将尝试从经济资本、人力资本、社会资本三个方面选取自变量,利用二分类 Logistic 回归,探索性分析这些因素对农民工返乡创业行为的影响。

本书将因变量选为创业决策,即问卷中"本次返乡是否以创业为目的"(问卷中,4 和 5 为"是",1 和 2 为"否")。"不是"为 0,并作为参照组变量。由于因变量为 0-1 二分变量,因而本书选用二元 Logistic 回归。

二、研究设计

在以上三个维度中分别选取不同指标作为自变量,分别进行重新赋值(变量与赋值情况见表 3-21),建立二分类 Logistic 回归模型,进行逐步 Logistic 回归。其中,将对经济状况的认知作为连续变量处理,数值越高表示越不满意;教育程度采用受教育年限衡量,根据各阶段教育的时间进行赋值。

表 3-21 模型自变量及描述

维度	变量	变量描述
控制变量	性别	二分变量,女性为参照组
	年龄	连续变量
经济资本	月收入	连续变量
	家庭月收入	连续变量
	对经济状况认知	假定连续变量,分越高,自评价越低
人力资本	受教育年限	连续变量
	最后一次工作	分类变量,非技术类为参照组
	是否参加培训	分类变量
	在外打工时间	连续变量
	现代性	现代性量表得分,连续变量
社会资本	兄弟姐妹数	连续变量

从个人基本情况来看,样本平均年龄为 32.52 岁,其中男性比例是女性的两倍,超过一半的农民工接受过初中水平的教育;现代性得分均值为 3.32,说明被访农民工的现代性倾向要高于传统性。

从家庭结构来看,38.4%的被访农民工没有子女。另外,样本中仅有不到 1/10 的返乡农民工是独生子女,且多集中于新生代农民工,即 1980 年以后出生的农民工。在所有被访者中,每人平均有 2.5 个兄弟姐妹。数据表明,大多数返乡农民工认为自己目前的经济状况一般。

外出务工可以使农民工获得一定的资本和技术积累,可能对其返乡后的自主创业意愿和行为有一定影响。通过问卷 B 部分计算出个体的打工累计时长(单位:月)作为解释变量引入模型。

三、结果与讨论

依次加入以上三个维度及控制变量,进行二分类 Logistic 回归,同时为了分析不同区域的差异,我们分别对中部地区和西部地区进行统一的 Logistic 回归,得到如表 3-22、表 3-23、表 3-24 所示的结果。

表 3-22 模型回归结果 [10 省(市)]

变量	模型 1	模型 2	模型 3	模型 4
性别	1.859***	1.807***	1.873***	1.879***
年龄	0.957***	0.955***	0.957***	0.956***
月收入(百元)		0.757**	1.023**	1.023**
家庭月收入(百元)		1.024***	0.999	0.999
对经济状况认知		0.999	0.784**	0.783**
受教育程度			0.985	0.985
最后一次工作			1.397	1.406
在外打工时间			1.000	1.000
现代性			1.618*	1.626*
兄弟姐妹数				1.007
常数项	3.1646	3.256	0.633	0.629
−2LL	1471.135	1399.910	1367.042	1365.208

注:* 表示 0.05 水平下显著,** 表示 0.01 水平下显著,*** 表示 0.001 水平下显著。

表 3-23 模型回归结果(中部地区)

变量	模型 1	模型 2	模型 3	模型 4
性别	1.936**	1.835*	1.900*	1.872*

续表

变量	模型1	模型2	模型3	模型4
年龄	0.950***	0.949***	0.961**	0.966*
月收入（百元）		1.019	1.012	1.011
家庭月收入（百元）		1.002	1.001	1.001
对经济状况认知		0.891	0.911	0.914
受教育程度			1.023	1.024
最后一次工作			1.721	1.712
在外打工时间			1.002	1.002
现代性			2.982*	3.017*
兄弟姐妹数				0.953
常数项	1.937	2.639	0.031	0.028
-2LL	368.233	363.702	349.345	349.078

注：* 表示0.05水平下显著，** 表示0.01水平下显著，*** 表示0.001水平下显著。

表3-24 模型回归结果（西部地区）

变量	模型1	模型2	模型3	模型4
性别	1.799***	1.796***	1.860***	1.868***
年龄	0.960***	0.957***	0.956***	0.954***
月收入（百元）		1.024**	1.025**	1.024**
家庭月收入（百元）		0.999	0.999	0.999
对经济状况认知		0.735***	0.742**	0.741**
受教育程度			0.968	0.969
最后一次工作			1.267	1.274
在外打工时间			1.000	1.000
现代性			1.311*	1.315
兄弟姐妹数				1.023
常数项	1.574	3.523	1.827	1.822
-2LL	1102.239	1034.109	1011.001	1009.128

注：* 表示0.05水平下显著，** 表示0.01水平下显著，*** 表示0.001水平下显著。

从回归结果可以看出，随着更多的解释变量被引入模型，模型整体的解释能力增强，不论是全体调查对象还是中部地区或西部地区，拟合优度指标-2LL值从模型1到模型4均有所下降。

1. 控制变量

从表3-22、表3-23、表3-24中的模型1可以看出，在个人基本状况维度中，性别和年龄对返乡农民工的创业决策影响显著。其中，与女性相比，男性创业决策的可能性高于女性86%，其中，中部地区男性创业决策的可能性接近女性的两倍，西部地区性别差异略低于中部地区，男性创业决策的可能性高出女性80%。年龄每增加1岁，创业决策的可能性会下降4%左右，即随着年龄的增加，创业决策呈降低趋势，中部地区和西部地区差异不大。而且，在加入其他解释变量后，控制变量的影响方向及大小都没有发生很大变化。

2. 经济资本

在对调查对象的所有分析中（见表3-22），在模型1的基础上，引入经济资本指标等自变量，考虑经济状况及认知对自主创业决策是否有影响。其中，由于收入以"元"为单位分析时，收入每变动1元对因变量的影响太小，因而换算为以"百元"为单位。在模型2中，月收入与创业决策呈负相关，即随着月收入增加，创业决策的可能性降低，但是加入其他模型后，月收入对创业决策的影响方向发生变化，即月收入越高，创业决策的可能性越大。而家庭收入与创业决策则呈正相关，即随着家庭收入的增加，创业决策的可能性增加。而对经济状况的认知对创业决策的影响则不显著。同时，在加入其他解释变量后，创业决策不随家庭收入的变化而变化，但是对经济状况的认知则变得显著，而且，对经济状况的认知情况与创业决策呈负相关，前文已经指出，对经济状况的认知得分越高则认知性越低，因而，对经济状况认知越好，创业决策可能性越大，这验证了前文的假设。

需要指出的是，中部地区和西部地区经济资本对创业决策的影响差异很大，在中部地区的回归结果中（见表3-23），月收入、家庭收入、对经济状况的认知对创业决策均没有显著影响，加入其他变量后，在模型3和模型4中亦是如此。而西部地区的回归结果中（见表3-24），月收入、对经济状况的认知对因变量创业决策均有显著影响，家庭收入没有显著影响。其中，月收入越高，创业决策的可能性越大；对经济状况的认知越好，则创业可能性越大。

由此说明，经济资本在农民工返乡创业的决策中起着重要作用，一方面，经济是他们创业决策的支撑；另一方面，他们对经济有着更高的追求，在对经济状况认知较好的情况下，更倾向于创业，以在事业上"更上一层楼"。

3. 人力资本

在模型2的基础上，将受教育年限、最后一次工作是否为技术性工作、外出打工时间、现代性程度作为人力资本引入模型3。模型3中除现代性水平显著外其余变量均不显著，不论是所有调查对象的分析结果还是中部地区分析结果或西部地区分析结果，均是如此。这与返乡农民工群体较强的同质性有一定的关系，他们的受教育程度均很低，同时参加培训较少，多数从事非技术性行业。因而，努力提高返乡农民工整体素质是今后工作中亟待解决的问题。

现代性越强的返乡农民工越有可能进行自主创业，这与以往的实践也是相吻合的。现代性越强的人，在信息、技术、社会网络方面有着越敏锐的意识，更容易捕捉创业机会，也相对较有风险承担意识。

4. 社会资本

在模型3的基础上，将兄弟姐妹数作为社会资本纳入模型4，回归分析结果表明，兄弟姐妹数对创业决策影响并不显著，三个回归结果均是如此。这一方面是由于兄弟姐妹年龄相差不大，而且多数也是农民工，不能给其带来很大的帮助；另一方面，可以体现出家族观念的弱化。

第五节　返乡农民工的创业能力总结

综合前文分析不难看到，返乡农民工作为中国城乡发展过程中的特殊人群，其创业资源禀赋总体不占优势，创业能力并不突出。但是具体来说，在某些方面他们具备了一定的创业基础。

首先，创业能力体现在对创业资源的占有情况，包括资金、技术、信息等。返乡农民工在经济资本方面的积累显然较少，且主要集中在加工制造业、建筑业和基础性生活服务业（住宿餐饮、批发零售、家政服务、交通运输、保安物业）等行业，从事技术含量低、可替代性强的工作，在技能方面亦无优势。同时，返乡农民工薄弱、同质化的社会资本，也不利于其感知并获得创业信息和机会。因此，返乡农民工在创业资源的占有方面总体上处于比较弱势的地位。不过，从调查数据来看，已经有一部分农民工在经济资本方面有了一些积累，并且已经着手创业实践。

第三章 返乡农民工创业能力分析

其次,创业能力表现在知识和能力方面。在我国,受教育程度是衡量知识水平的重要指标。显然,从这个角度来看,返乡农民工在创业方面的知识积累是不占优势的。如前文所示,54.6%的返乡农民工学历为初中,高中学历占 13.6%,大专及以上学历仅占 5.1%。能力也可以从一些指标来简单地观察,例如获得工作的途径。从前文可以看到,返乡农民工第一次外出务工大多数是通过亲戚朋友介绍(50.3%)和同村同乡介绍(28.0%),即通过熟人介绍的占 78.3%。而第二次获得工作机会是通过熟人介绍的比例仍然很高,占了 72.7%;第三次仍然依靠熟人介绍工作占了 67.3%。这在很大程度上反映了返乡农民工的开拓能力、交往能力处于一个比较低的水平。因此,返乡农民工创业面临知识与能力不足的考验。

最后,创业能力表现在创业者的人格特征方面。姚梅芳梳理了一系列关于创业者的研究,其中总结了许多通过对创业者典范进行研究而总结的一些创业者的共同点,包括不断地积累经验、系统地思考、愿意接受挑战、喜欢竞争、自信、紧迫感、情绪稳定等[1]。事实上,这些特征可以大致归为"理性"之列,与笔者在调查过程中设计的现代意识与传统意识测量密切相关。结合前文的数据和分析可以看到,返乡农民工已经具有一定的现代意识,但也仍然受传统意识的影响。结合访谈的资料来看,多数返乡农民工在思想意识上处于认知迷茫的状态,但分化也是比较明显的,也有相当一部分返乡农民工经过城市生活的洗礼,树立了清晰的发展目标,显示出了一股"冲劲"和"闯劲",这恰恰是创业者最需要的人格特质之一。另外,底层、边缘的社会生活也磨炼了相当一部分返乡农民工的意志,他们的"韧性"也是创业成功的关键人格特质。

综合这些分析,已经基本上可以对农民工的创业能力进行一个初步的研判:其一,不论从内在素质还是从外在条件,农民工的创业能力都是相对较弱的;其二,农民工群体的分化已经显现出来,相当数量的农民工已经具备了创业者的人格特征、知识水平和能力,并且已经积累了一些创业资本。基于这两个判断,笔者认为,当前扶持农民工返乡创业的政策是有需求的,但是一方面不能盲目放大这种需求;另一方面需要更加具体、细致地研究这种需求,充分把握农民工返乡创业的特征与规律,提升扶持政策的针对性和有效性。

---

[1] 姚梅芳:《基于经典创业模型的生存型创业理论研究》,吉林大学博士学位论文,2007年。

第四章 农民工返乡创业意愿及影响因素分析

本章的研究主要分为两个方面。一是通过调查数据，梳理返乡农民工的一系列认知，包括外出务工的动机（目标）、目标实现情况、返乡原因及未来的打算，从这些梳理中分析具有创业意愿的农民工所占的比例，从而了解农民工返乡创业意愿是否强烈。二是通过定量分析，分析出那些影响农民工返乡创业意愿的因素。

第一节 返乡农民工的自我认知与期望

一、返乡农民工外出务工动机

调查考察了返乡农民工最初外出务工的动机。根据笔者以往的研究，列明了12种外出务工动机的说法，并请受访者逐一判定与自身实际情况的相符程度，然后选出最为主要的一项动机。

根据调查结果，按照"十分符合"、"比较符合"、"一般"、"不太符合"、"很不符合"，分别记5、4、3、2、1分，则各项动机的得分均值可以大致反映出其受到的相对认同程度。表4-1列出所有动机得到认同的情况，可以看到，"可以挣更多的钱改善生活"、"摆脱贫困"、"出去锻炼一下，然后回来自己干点事"排在前三位。

表4-2则列明了"受访者外出务工最为主要的原因"分布，排在前三位的同样是"可以挣更多的钱改善生活"、"摆脱贫困"、"出去锻炼一下，然后回来自己干点事"。

表 4-1 返乡农民工对各类外出务工动机的认同情况

动机	统计量	均值	标准差
可以挣更多的钱改善生活	1199	4.44	0.827
摆脱贫困	1197	4.07	1.054
出去锻炼一下,然后回来自己干点事	1195	3.59	1.238
出去见见世面	1197	3.47	1.238
挣钱回家盖房子	1193	3.40	1.378
在家没事可干	1199	3.14	1.337
别人都外出务工	1187	3.10	1.135
务农太辛苦	1194	3.08	1.302
挣钱供家人读书	1193	3.02	1.552
想过城里人的生活	1191	2.97	1.264
不愿再过农民的生活	1186	2.92	1.288
外出务工成为村里人有出息的标志	1183	2.72	1.218

表 4-2 返乡农民工外出务工最主要的原因分布

原因	频数(人)	有效百分比(%)
可以挣更多的钱改善生活	397	33.2
摆脱贫困	244	20.4
出去锻炼一下,然后回来自己干点事	162	13.5
挣钱供家人读书	123	10.3
挣钱回家盖房子	69	5.8
出去见见世面	66	5.5
在家没事可干	61	5.1
外出务工成为村里人有出息的标志	20	1.7
务农太辛苦	20	1.7
想过城里人的生活	18	1.5
不愿再过农民的生活	13	1.1
别人都外出务工	3	0.3
合计	1196	100.1

综合表 4-1、表 4-2 的结果,可以认为,受访者当初外出务工最大的驱动力来自经济方面的拉力和推力,"可以挣更多的钱改善生活"和"摆脱贫困"得到广泛的认同。"挣钱供家人读书"、"挣钱回家盖房子"等动机着眼于家庭,但本质上也是通过增加收入来实现的,同样得到了很大程度的认同。其次,受访者比较认同的是"出去锻炼一下,然后回来自己干

点事"、"出去见见世面"等着眼于个人发展的动机。

在此基础上,笔者还考察了受访者外出务工前对于未来出路的考虑。结果显示,43.1%的受访者表示"挣几年钱或见见世面就回来",而计划"到大城市发展,不再回来了"的受访者仅占8.5%。还有26.6%的受访者外出务工前几乎没有考虑过这个问题(见图4-1)。

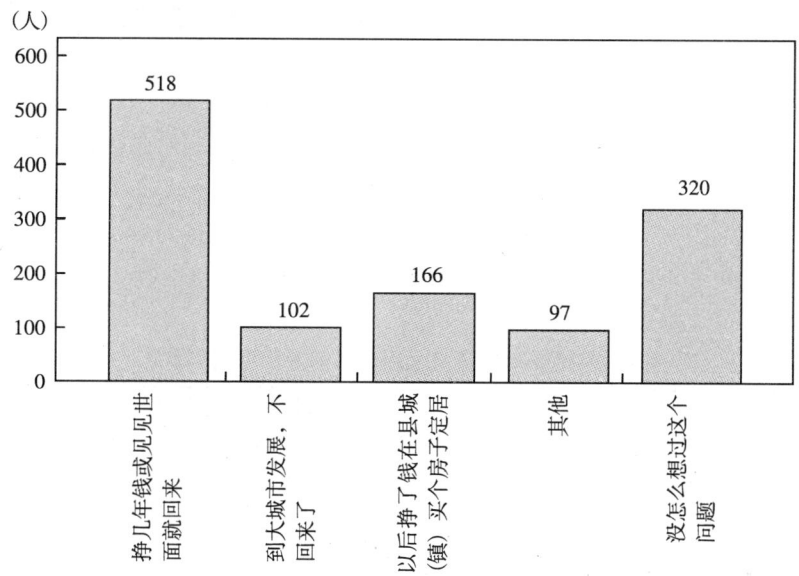

图4-1 返乡农民工第一次外出打工前对未来出路的考虑

二、外出务工目标实现情况

返乡农民工外出务工的预期目标是否实现了呢?调查对此也进行了初步的考察。结果如表4-3所示,表示预期目标"实现了一些"的占大多数,达75.1%;表示"完全实现"和"完全没实现"的分别占5.7%和19.3%。

表4-3 返乡农民工外出务工的目标实现情况

目标	频数(人)	有效百分比(%)	累积百分比(%)
完全实现了	68	5.7	5.7
实现了一些	900	75.1	80.8
完全没实现	231	19.3	100.1
合计	1199	100.1	—

结合受访者外出务工的主要动机，我们可以更加具体地认识受访者外出务工的目标实现情况。大体来说，农民工外出务工的动因包括增加收入、促进个人发展、改变生活方式和从众四个方面，本次调查列出的外出务工原因也大致可以划归为这四类。表4-4是"外出务工最主要的原因"和"外出务工目标实现情况"的列联表，其中"外出务工最主要的原因"按照上述四个方面进行排列。分析其数据结果，可以形成以下一些初步判断：

第一，完全实现预期目标和完全没有实现预期目标的外出务工者都是少数，绝大部分人"实现了一些"预期目标。这也是当前农村劳动力仍然源源不断地流向城市、外出务工人数有增无减的基础。事实上，农民增加收入、促进个人发展、改变生活方式的渠道极为有限，外出务工是相对容易、效果明显的渠道，甚至在很多农民看来是目前唯一可行的渠道。

表4-4　外出务工的主要原因与目标实现情况列联统计表

			外出务工目标实现情况			合计
			完全实现了	实现了一些	完全没实现	
外出务工最主要的原因	可以挣更多的钱改善生活	频数（人）	18	314	61	393
		频率（%）	4.6	79.9	15.5	100.0
	摆脱贫困	频数（人）	13	176	54	243
		频率（%）	5.3	72.4	22.2	99.9
	挣钱供家人读书	频数（人）	9	98	16	123
		频率（%）	7.3	79.7	13.0	100.0
	挣钱回家盖房子	频数（人）	6	49	13	68
		频率（%）	8.8	72.1	19.1	100.0
	出去锻炼一下，然后回来自己干点事	频数（人）	11	107	43	161
		频率（%）	6.8	66.5	26.7	100.0
	出去见见世面	频数（人）	2	50	14	66
		频率（%）	3.0	75.8	21.2	100.0
	务农太辛苦	频数（人）	2	15	2	19
		频率（%）	10.5	78.9	10.5	99.9
	想过城里人的生活	频数（人）	1	7	10	18
		频率（%）	5.6	38.9	55.6	100.1
	不愿再过农民的生活	频数（人）	0	9	4	13
		频率（%）	0.0	69.2	30.8	100.0

续表

			外出务工目标实现情况			合计
			完全实现了	实现了一些	完全没实现	
外出务工最主要的原因	外出务工成为村里人有出息的标志	频数（人）	1	16	3	20
		频率（%）	5.0	80.0	15.0	100.0
	别人都外出务工	频数（人）	0	3	0	3
		频率（%）	0.0	100.0	0.0	100.0
	在家没事可干	频数（人）	4	46	9	59
		频率（%）	6.8	78.0	15.3	100.1
合计		频数（人）	67	890	229	1186
		频率（%）	5.6	75.0	19.3	99.9

第二，相对而言，融入城市生活等社会性目标的实现比增加收入等经济性的目标更难实现。以"改变生活方式"为主要动因外出的农民工，认为目标"完全没实现"者所占比例明显较大。

第三，尽管外出务工可以在很大程度上增加收入、增长见识，但是外出务工者在经济资本、人力资本积累方面很少达到预期。也就是说，外出务工经历对于农民工彻底摆脱贫困、提升就业层次或积累创业资本的实际效应低于预期水平。

三、农民工返乡原因分析

本次调查列出了13类关于返乡原因的说法，请受访者逐一判定其在多大程度上符合自己的实际情况，并选出一项最为主要的返乡原因。表4-5列出了各类返乡原因得到认同的情况，每类原因对应的均值可以大致反映受访者对其的认同度，均值越大，表明其受认同的程度越高。图4-2则列明了受访农民工返乡最为主要的原因分布。

表4-5 各类返乡原因受认同情况统计

返乡原因	很不符合（%）	不太符合（%）	一般符合（%）	比较符合（%）	十分符合（%）	认同度（均值）	标准差
在城里钱越来越难挣了	5.4	10.3	18.7	34.4	31.1	3.76	1.157
回家方便照顾老人孩子	12.7	15.3	17.8	27.6	26.7	3.40	1.357

续表

返乡原因	很不符合(%)	不太符合(%)	一般符合(%)	比较符合(%)	十分符合(%)	认同度(均值)	标准差
原来的工作没了，不好找工作	13.3	22.3	20.2	25.8	18.4	3.14	1.315
现在老家的条件也好了	9.2	19.7	32.2	28.0	10.8	3.11	1.125
想回家乡创业	15.7	25.4	20.5	21.7	16.6	2.98	1.329
城里的事变化太快，不稳定，回家踏实	14.5	25.3	27.5	22.3	10.4	2.89	1.207
现在回家务农日子也能不错	20.9	29.5	30.4	15.8	3.3	2.51	1.089
不想被城里人排斥、瞧不起	24.6	31.3	22.1	14.0	8.1	2.50	1.229
城里居住条件差	22.2	31.8	27.6	12.5	5.8	2.48	1.137
城里治安环境差，没有安全感	24.8	33.9	23.5	12.2	5.6	2.40	1.147
在城里小孩上学不方便	36.2	24.9	15.0	14.1	9.9	2.37	1.353
出去挣点钱或者见世面的目标已经达到了，就回来了	24.9	37.9	19.0	12.4	5.7	2.36	1.151
在城里生活不习惯	25.4	33.2	26.1	11.2	4.0	2.35	1.097

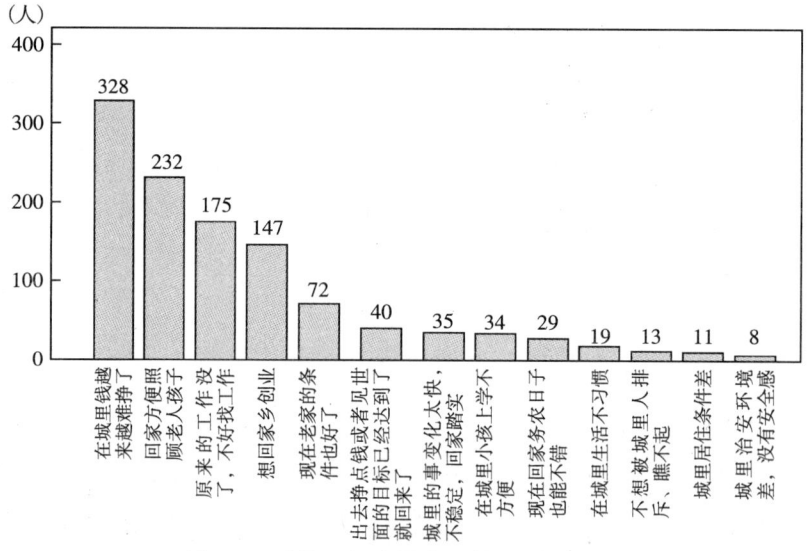

图 4-2 农民工返乡最主要的原因分布

第四章　农民工返乡创业意愿及影响因素分析

国外学者对于迁移流动的研究形成了很多很好的理论成果,"推—拉"理论是公认为具有较强说服力的。20世纪60年代末,Lee完成了对人口迁移"推—拉"理论的集成工作。他认为,影响迁移的因素包括四种,即迁出地的因素、迁入地的因素、中间阻碍因素和个人因素。同时,每一个迁移的流向都伴有相反方向的反迁移流。这一反迁移流产生的原因有:①目的地的拉力因素可能会逐渐减小或消失,从而导致一部分迁移者返回原籍;②迁移增加了迁入地和迁出地之间的接触,开阔了迁移者的视野,使他们认识到原居住地的机会,从而返回原居住地创业;③迁移可能使迁入地的居民认识到其他地区的机会,从而使他们向外地迁出;④许多以经济为目的的迁移者,在他们实现了其经济目标以后,他们会返回原居住地,特别是在他们退休以后①。

这一理论用来解释农民工流动自然十分恰当。农民工外出流动是农村推力和拉力、城市推力和拉力这4种力量相互作用的结果。如果(农村推力-农村拉力+城市拉力-城市推力)>0,农村人口就会从农村流向城市;反过来,如果(农村推力-农村拉力+城市拉力-城市推力)<0,与外出相反的返乡回流现象就会发生。

从调查的结果看,传统的"推—拉"要素和机制发生改变,是促使农民工返乡最为重要的原因,而真正实现原有外出务工目标而返乡的农民工只是少数。调查结果显示,在调查时点,相对经济收益下降减小了城市拉力,就业难度加大则增加了城市推力,而照顾老小、返乡创业等因素都加大了农村的拉力,从而形成了较大规模的农民工返乡。同时,包括本次调查在内的许多研究表明,农民工社会地位较低,融入城市困难,但是农民工在城市中的适应障碍或者遭遇的社会排斥却并非其返乡的主导因素。这进一步印证了经济性因素在当前农民工外出务工动机中的主导性。

四、返乡农民工的未来打算

调查通过对返乡农民工关于未来生活的打算进行考察,着重分析了返乡农民工的就业意愿。结果显示,27.9%的受访者表示"有计划再去大城市打工",27.7%的受访者表示没有明确计划,24.2%的受访者计划"在老

---

① Lee Everett S., "A Theory of Migration", *Demography*, Vol. 3, No. 1, 1966.

家当个体户、做生意或办公司",还有10%的受访者计划"在本地打工",6.9%的受访者重新回到土地上,计划"长期在老家务农",其中前三类受访者占到了80%左右(见图4-3)。这一结果反映了当前返乡农民工群体在就业选择上的若干倾向:

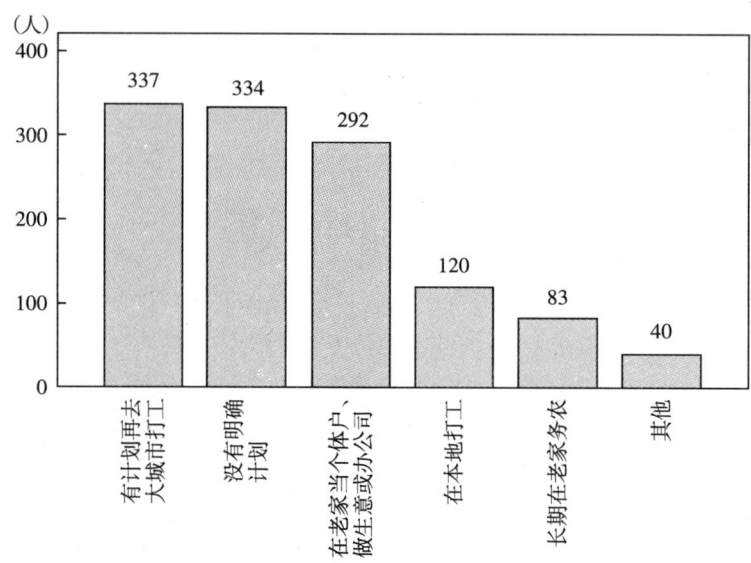

图4-3 返乡农民工对未来生活的打算

第一,返乡农民工几乎很少愿意重新回到土地上务农。前文提到的目前18.7%的返乡农民工以"务农"为主要职业,但是计划"长期在老家务农"的农民工仅占6.9%。也就是说,相当比重的返乡农民工目前回到了土地上,主要是为生计所迫,是暂时性的。

第二,结合前文对当前返乡农民工的实际就业情况的考察,可以看到大量失业返乡农民工主要处于迷茫和观望状态。限于知识水平和技能,他们将失业主要归因于外部环境,而不会从自身寻找原因。也正因为如此,失业返乡农民工提升自我能力和素质的意识十分淡薄。

第三,尽管目前真正处于创业(包括个体和私营)过程中的返乡农民工并不多(本次调查数据为7.9%),但是有意向自己创业的返乡农民工却不在少数,接近1/4。当然,从访谈的情况来看,返乡农民工由于知识水平、管理能力、资金、技术、信息等方面的限制,创业意向也主要以小规模商业、作坊式加工业、生活服务业等领域的个体经营为主,有意向筹办

第四章 农民工返乡创业意愿及影响因素分析

现代企业的返乡农民工大约仅占10%,与当前的实际创业情况基本一致。

第四,尽管国家已经取消农业税,并实施一系列针对减负政策,但是由于物价上涨、农村公共产品供给成本提高等原因,当前小规模家庭务农的效益仍然较差,因此外出务工仍然是大多数农民增加收入最为有效和便利的方式,因此当调查进一步询问受访者是否还会外出务工时,41.5%的受访者表示肯定要再出去务工,而40.1%的受访者表示要看情况再决定,只有18.5%的受访者明确表示不出去了。

第二节 农民工返乡创业的意愿分析

上述返乡农民工的认知和期望展示了一个比较完整的心理过程。首先,关于返乡农民工外出务工的动机,尽管在很大程度上表现为经济方面的拉力和推力,但是"出去锻炼一下,然后回来自己干点事"、"出去见见世面"等着眼于个人发展的动机也得到了比较强烈的认同。因此,在许多外出务工者的人生规划中,返乡创业事实上是他们十分理想的发展道路之一,具有广泛的社会心理基础。

其次,他们的此类目标或多或少会实现一些,总体上比融入城市社会生活要容易一些,但是比在经济上增加收入要困难一些。从这个角度看,外出务工的经历对于农民工维持创业意愿、积累创业资本无疑是具有积极意义的。

那么,究竟有多少人会中止城市务工生涯,返乡创业呢?调查数据显示,2.98%和16.6%的受访者认为"想回家乡创业"十分符合或者比较符合他们的想法。也就是说,大约20%的返乡农民工有意愿返乡创业而回到家乡。而在谈及未来生活打算时,则有24.2%的受访者计划"在老家当个体户、做生意或办公司"。对比这些数据,笔者认为,关于农民工返乡创业的意愿,至少有这样三点基本认识:

第一,返乡创业是相当一部分农民工在事业方面的终极追求,一直埋藏在他们的理想之中。尤其是在面临城市"社会排斥"的情况下,这种追求可能更加坚定。

第二,即使那些原来没有创业追求的人,也可能由于城市务工过程中的种种经历或者返乡后的生活境遇而产生返乡创业的意愿。

第三,关于是否有创业意愿的问题,农民工群体的分化仍然是比较明显的,有明确返乡创业意愿的农民工大约占 1/5。

第三节 农民工返乡创业意愿的影响因素

如前文所言,24.2%的返乡农民工表示希望未来能够"在老家当个体户、做生意或者办公司"。应该说,返乡创业逐渐进入更多农民工的视野和规划之中。笔者将运用调查数据对农民工返乡创业意愿的影响因素进行分析,初步探索其创业意愿形成的机制和过程。这种探索无疑是具有重要意义的,不仅可以为当前农民工返乡创业扶持政策的制定和完善提供依据,也有助于把握当前农村剩余劳动力转移的过程和人口城市化的质量。

一、研究设计

1. 研究方法

根据以往的研究成果,本书尝试从个人基本状况、家庭网络支持、经济状况及认知、外出务工经济、现代性水平五个方面选取自变量,利用二分类 Logistic 回归,探索性分析这些因素对农民工返乡创业意愿的影响。

2. 因变量与自变量

本书将因变量取为创业意愿。调查数据显示:24.1%的受访者表示希望未来能够"在老家当个体户、做生意或者办公司",即有明确的自主创业意愿;近三成的返乡农民工对未来就业尚无明确打算,近40%的返乡农民工表示在时机成熟时仍将外出务工,仅有 6.9%的受访者将留在当地务农。本书将计划务农、打工和没有明确意愿的受访者合并生成没有创业意愿者,作为参照组,与有自主创业意愿的群体组成"是否有创业意愿"的 0-1 变量,作为二元 Logistic 回归的因变量。

在上述五个维度中分别选取不同指标作为自变量,分别进行重新赋值(变量与赋值情况见表 4-6),建立二分类 Logistic 回归模型,进行逐步 Logistic 回归。

第四章 农民工返乡创业意愿及影响因素分析

表4-6 模型自变量赋值

维度	指标
个人基本状况	性别（1=男，0=女）
	年龄
	受教育程度（0=小学及以下，1=初中，2=高中及以上）
家庭网络支持	有无配偶（1=有配偶，0=无配偶）
	有无子女（1=有子女，0=无子女）
	兄弟姐妹数
经济状况及认知	家庭总收入
	个人目前月收入
	自我经济状况认知（1=很好，2=还不错，3=勉强过得去，4=不太好，5=很糟糕）
外出务工经历	打工累计时长
	打工次数
现代性水平	现代性量表得分

3. 变量描述分析

表4-7提供了在有创业意愿和没有创业意愿的返乡农民工中，各自变量的描述分析。

表4-7 各自变量描述分析

变量	均值		
	有创业意愿	无创业意愿	合计
性别：（女性=0）			
男性	0.73	0.65	0.67
年龄	30.67	33.12	32.52
教育程度：（小学及以下=0）			
初中	0.60	0.53	0.55
高中及以上	0.31	0.24	0.26
配偶：（无配偶=0）			
有配偶	0.62	0.66	0.65
孩子：（无孩子=0）			
有孩子	0.56	0.64	0.62
兄弟姐妹数	2.31	2.53	2.48
目前月收入（元）	1161.72	834.94	913.54
经济状况认知	2.83	3.14	3.07
全家月收入（元）	3227.15	2311.30	2531.68
在外打工时间（月）	48.56	46.57	46.97
外出打工次数	2.24	2.25	2.24
现代性	3.40	3.30	3.32

从个人基本状况来看,样本平均年龄为32.52岁,其中男性比例是女性的两倍,超过一半的农民工接受过初中水平的教育;现代性得分均值为3.32,说明受访农民工的现代性倾向要高于传统性。

从婚姻状态来看,样本中处于初婚有配偶状态的占了62.8%;其次是未婚,占34.5%。从家庭结构来看,39.2%的受访农民工没有子女;另外,样本中仅有不到1/10的返乡农民工是独生子女,且多集中于新生代农民工,即1980年以后出生的农民工,在所有受访者中,每人平均有2.5个兄弟姐妹。数据表明,大多数返乡农民工认为自己目前的经济状况一般。

外出务工可以使农民工获得一定的资本和技术积累,对其返乡后的自主创业意愿和行为有一定影响。通过问卷B部分计算出的个体打工累计时长和外出务工次数作为解释变量引入模型。

二、结果与讨论

依次加入以上五个维度的指标,进行二分类Logistic回归,同时为了分析不同区域的差异,我们分别对中部地区和西部地区进行统一的Logistic回归,得到如表4-8、表4-9、表4-10所示的结果。

表4-8 模型回归结果 [10省(市)]

变量	回归结果				
	模型1	模型2	模型3	模型4	模型5
个人基本状况					
性别:(女性=0)					
男性	1.541**	1.588*	1.531*	1.561*	1.663**
年龄	0.987*	0.970*	0.967**	0.969*	0.973*
受教育程度:(小学及以下=0)					
初中	2.855***	3.095***	2.758***	3.224***	2.778**
高中及以上	2.981***	3.422***	2.777***	3.215***	2.766**
家庭网络支持					
配偶:(无配偶=0)					
有配偶		1.546	1.537	1.401	1.391
孩子:(无孩子=0)					
有孩子		0.975	0.913	0.938	0.986
兄弟姐妹数		1.070	1.094	1.086	1.074

续表

变量	回归结果				
	模型1	模型2	模型3	模型4	模型5
经济社会状况					
目前月收入（百元）			1.018*	1.016*	1.014
全家月收入（百元）			1.001	1.001	1.001
个人经济状况认知			0.690***	0.684***	0.671***
外出务工经历					
在外打工时间（月）				1.001	1.001
外出打工次数				0.985	0.961
现代性水平					2.242**
常数	0.149	0.153	0.454	0.391	0.028
-2LL	977.769	966.638	904.273	880.376	872.241

注：* 表示 0.05 水平下显著，** 表示 0.01 水平下显著，*** 表示 0.001 水平下显著。

表 4-9　模型回归结果（中部地区）

变量	回归结果				
	模型1	模型2	模型3	模型4	模型5
个人基本状况					
性别：（女性=0）					
男性	1.569	1.564	1.752	2.018*	1.923
年龄	0.978	0.984	0.977	0.972	0.981
受教育程度：（小学及以下=0）					
初中	1.793	1.861	1.797	1.835	1.590
高中及以上	2.844*	2.874*	2.535	2.514	2.104
家庭网络支持					
配偶：（无配偶=0）					
有配偶		1.645	1.669	1.673	1.413
孩子：（无孩子=0）					
有孩子		0.768	0.743	0.858	1.031
兄弟姐妹数		0.890	0.895	0.905	0.892
经济社会状况					
目前月收入（百元）			0.995	0.992	0.993
全家月收入（百元）			1.002	1.002	1.003
个人经济状况认知			0.603*	0.630*	0.609*
外出务工经历					
在外打工时间（月）				1.002	1.002

续表

变量	回归结果				
	模型1	模型2	模型3	模型4	模型5
外出打工次数				0.841	0.844
现代性水平					3.773*
常数	0.208	0.187	1.138	1.286	0.014
−2LL	280.527	278.254	270.633	264.891	258.852

注：* 表示 0.05 水平下显著，** 表示 0.01 水平下显著，*** 表示 0.001 水平下显著。

表4–10 模型回归结果（西部地区）

变量	回归结果				
	模型1	模型2	模型3	模型4	模型5
个人基本状况					
性别：（女性=0）					
男性	1.541*	1.558**	1.531*	1.561*	1.662**
年龄	0.987	0.970**	0.967**	0.969*	0.973*
受教育程度：（小学及以下=0）					
初中	2.855***	3.095***	2.758***	3.224***	2.778**
高中及以上	2.981***	3.422***	2.777***	3.215***	2.766**
家庭网络支持					
配偶：（无配偶=0）					
有配偶		1.546	1.537	1.401	1.391
孩子：（无孩子=0）					
有孩子		0.975	0.913	0.938	0.986
兄弟姐妹数		1.070	1.094	1.086	1.074
经济社会状况					
目前月收入（百元）			1.018*	1.016*	1.014
全家月收入（百元）			1.001	1.001	1.001
个人经济状况认知			0.690***	0.684***	0.671***
外出务工经历					
在外打工时间（月）				1.001	1.001
外出打工次数				0.985	0.961
现代性水平					2.242**
常数	0.149	0.153	0.454	0.391	0.028
−2LL	977.769	966.638	904.273	880.376	872.241

注：* 表示 0.05 水平下显著，** 表示 0.01 水平下显著，*** 表示 0.001 水平下显著。

第四章 农民工返乡创业意愿及影响因素分析

通过回归结果可以看出，随着更多的解释变量被引入模型，模型整体的解释能力增强，不论是全体调查对象还是中部地区或西部地区，拟合优度指标-2LL值从模型1到模型5均有所下降。

1. 个人基本状况

如表4-8所示，在个人基本状况维度上，性别、受教育程度和年龄对返乡农民工的自主创业意愿发生比均有显著影响。与女性相比，男性创业意愿可能性高出女性54%；随着年龄的增长，创业意愿呈下降趋势，年龄每增长1岁，创业意愿可能性下降2个百分点；受教育程度的影响非常显著，初中、高中及以上创业意愿发生可能性均接近小学及以下的3倍。而且随着解释变量的不断引入，各自变量对创业意愿的影响程度及显著性未发生显著变化。可见，个体社会人口特征对创业意愿有很大程度的影响。

然而分区域分析中，中部和西部地区差异较大，中部地区的回归结果显示（见表4-9），个人基本状况对其创业意愿均没有显著影响，而且随着其他变量的纳入，显著性未发生明显变化。与之相反，在西部地区的回归结果中（见表4-10），几乎所有个人基本状况对创业意愿均有显著影响。

2. 家庭网络支持

在模型1的基础上，引入家庭网络支持指标等自变量，考虑是否有配偶、子女及兄弟姐妹等家庭因素对自主创业意愿的影响。

然而，家务网络支持的自变量，即有无配偶、有无子女、兄弟姐妹数对因变量创业意愿均没有显著影响。而且，不论是所有调查对象分析结果还是中部地区或西部地区的分析结果，均是如此。这表明，家庭因素对于自主创业意愿没有太大影响。

3. 经济状况及认知

在模型2的基础上，引入经济地位指标，考虑个人当前月收入、家庭当前月收入以及自我经济地位认知对于自主创业意愿的影响。

根据所有数据的分析结果（见表4-8）显示，模型3中月收入和个人经济状况认知对创业意愿有较显著的影响，家庭收入对创业意愿没有显著影响。月收入越高，创业意愿的可能性越大，月收入每增加100元，创业意愿的可能性增加2%，当外出务工经历纳入模型后，月收入的影响显著程度及方向均未发生变化，但是将现代性水平纳入模型后，月收入对创业意愿的影响变为不显著。个人对经济状况的认知情况对创业意愿的影响非常显著，而且，对经济状况的认知越好，创业意愿可能性越大，随着其他变量的纳入,该变量对创业意愿的影响方向及显著性均未发生变化。

分区域发现,中部地区的回归结果(见表4-9)显示,个人目前月收入和家庭月收入对创业意愿均没有显著影响,个人经济状况的认知情况对创业意愿有较为显著的影响,对经济状况的认知越好,创业意愿的可能性越大。而西部地区的回归结果(见表4-10)与所有数据的回归结果类似。

因而,可以发现经济资本在农民工创业意愿的决策中起着重要作用,经济收入越高、对经济状况的认知情况越好,更倾向于创业,以在事业上"更上一层楼"。同时,由于外出务工者一般家庭状况相对较差,因而家庭收入对他们的创业意愿没有显著影响。

4. 外出务工经历

进一步引入累计外出务工时长、外出打工次数两项指标,讨论外出务工经历对于自主创业意愿的影响。从回归结果可以看出,外出务工累计时长、外出务工次数两项指标对于因变量均没有产生显著影响,在中部与西部的单独回归中亦是如此。这与长期以来的各种研究和实践结果有一定的出入,通常,外出务工经历使得农民工实现了一定的技术积累和资本积累,有利于农民工返乡后的自主创业,而且实践证明,很多农民工返乡后利用自己的技术和资本积累实现自主创业致富,推动当地经济发展。这种调查数据与客观现实的不一致可能是由于调查时金融危机、经济萧条的经济形势影响了农民工自主创业的意愿和行为。

5. 现代性水平

把现代性得分纳入回归模型,现代化水平对创业意愿有显著影响,所有数据回归结果、中部和西部地区回归结果均是如此。回归结果表明,现代性越强的返乡农民工越有可能进行自主创业,这与以往的实践也是相吻合的。现代性越强的人在信息、技术、社会网络方面有着越敏锐的意识,可以抓机会,也相对较有风险承担意识。

三、小结

通过对模型结果数据的分析与讨论,可以发现,性别、年龄、教育程度、月收入、个人经济状况认知、现代性水平等变量对农民工返乡创业意愿有显著影响,男性、相对年轻、文化程度越高、月收入越高、对经济状况认知性越高、现代性水平较高、有配偶的农民工更具有返乡创业倾向。

同时，有无配偶、是否有子女、兄弟姐妹数量、家庭月收入、外出打工经历对个体的创业意愿没有显著影响。

家庭目前月收入由于有其他收入来源或家人的存在，削减或掩盖了收入对受访者本人自主创业意愿的影响，因而不具有统计显著性。由于数据质量和方法的局限，个人收入对创业意愿的影响方向和强度需要通过更多数据来加以探索。

社会经济地位的自我认知决定了个体对自我经济状况的满意度，进而对自主创业意愿产生影响。研究结果证实，与那些自认为经济状况处于相对高水平的个体相比，自认为处于较低社会经济地位的返乡农民工返乡创业意愿显著较低。

从以往外出务工经历角度分析农民工返乡创业意愿的影响因素，可以发现，累计打工次数和打工时间长对农民工返乡创业意愿没有明显影响。

总体来看，大多数变量对是否有自主创业意愿的影响并不显著，这表明具有返乡创业意愿的农民工分化很明显。这一方面反映了返乡农民工群体内部差异较大，另一方面也反映了农民工返乡创业类型的分化。

第五章 农民工返乡创业的过程分析

前文关于农民工创业能力与创业意愿的讨论，主要是探讨农民工创业的可能性以及影响因素，重点在于描述农民工创业的主要特征，分析其创业意愿及行为的影响因素，以增加扶持政策建议的针对性和有效性。在实践中，农民工一旦在政策支持下开始创业，农民与政府的互动过程也就开始了，而且这种互动将深刻地嵌入当前的市场环境。这一过程是十分复杂和具体的，笔者在研究过程中通过实地考察、访谈和电话访问等方式，积累了大量农民工创业案例资料。本章将结合这些案例资料和调查数据，对农民工创业过程进行分析，以期更好地把握影响农民工创业实践的关键机制。

第一节 农民工返乡创业过程分析框架

创业研究从来不缺乏对创业过程的关注，许多学者提出的创业理论模型都包含了对创业过程的观察和分析。前文提到的 Timmons 模型、Wickham 模型、Sahlman 模型等经典创业模型在很大程度上都可以视为创业过程理论，均试图对创业过程进行刻画。这些理论形成了一些共识，那就是创业的过程是一个动态的、复杂的过程，是一个创业主体与创业环境互动的过程。在这一过程中，创业者如何去整合和利用资源，如何去识别市场机会，如何调整自身以获取外部支持是至关重要的。至于何种因素更为重要则取决于创业的类型。事实上，上述理论模型对特定因素的强调，也源于研究对象的差异。

基于这种认识，笔者将基于调研过程中搜集的大量创业农民工访谈资料，重点考察农民工返乡创业决策、创业维持与创业形态，以分析农民工返乡创业的过程。分析创业决策，旨在从机会的角度考察农民工创业的基本动力；分析创业维持，旨在从资源的角度考察农民工创业得以维持的关键因素；分析创业形态，旨在考察农民工创业的结果，即经过各种要素的协调和平衡，农民工创业呈现出什么样的特征（见图5-1）。

在本章末，笔者还从创业案例分析的角度，就金融危机对农民工返乡创业的影响进行了初步的分析。

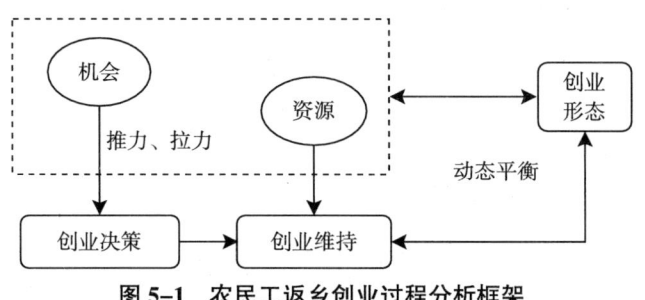

图5-1 农民工返乡创业过程分析框架

第二节 农民工返乡创业决策动力分析

2001年开始，全球创业观察（Global Entrepreneurship Monitor，GEM）开始探讨两种不同的创业类型：生存型创业和机会型创业[1]。两种类型的本质区别在于是否存在对创业机会的识别过程，其划分的基础是理论界关于创业决策动力的探讨。在"推—拉"理论的启发下，Storey的研究首次将影响创业类型区分的因素分为推动因素和拉动因素。推动因素包括就业困难、家庭收入不足、对当前工作不满意、工作时间不合适等，而拉动因素则包括高利润回报、独立性、自我实现、社会地位需求等[2]。这与人口

----

[1] Reynolds P. D., W. D. Bygrave, E. Autio, L.W.Cox and M. Hay, *Global Entrepreneurship Monitor: 2002 Executive Report*, Babson College, London Business School and Kauffman Foundation, 2002.

[2] Storey D. J., *Understanding the Small Business Sector*, London: Routledge, 1994.

流动中的"推—拉"理论一致,即人口迁移是两种不同方向的力相互作用的结果,一种是"拉力",即流入地有利于人口转移的正面积极因素;另一种是"推力",即流出地有不利于人口转移的负面消极因素[①]。

从当前农民工的状况来看,更多的农民工是"推力"作用下的、生存型的返乡创业。由于农民工总体上在视野、知识和技能方面仍然处于较低水平,对创业机会的识别和把握能力相对不足,加之投入的资金有限,其创业活动以生存型创业居多,即动力大多源自自身就业的改善与经济收入的提升。大部分返乡创业农民工对利润的预期较低,甚至主要着眼于解决自身的生计问题,并不存在一种强烈的创业动机,一旦发现收入相对更高的工作机会,便可能立即终止创业活动。这种推动因素主导的生存型创业成本较低,对于其他人就业的带动能力也相对较弱,常常以"个体户"甚至非正规化的形式出现,也常常是一种复制性、模仿性的创业。另外,相对较弱的社会保障也使得农民工返乡创业的风险承受能力较弱,因此他们在行为上趋于保守,缺乏创业所需的开拓创新精神。

当然,这不能排除"拉力"作用对农民工返乡创业的影响。少数农民工创业也获得了巨大的成功,其创业决策主要源于其对于创业机会的识别和把握,其动力更多地来自拉动因素。对这些农民工而言,城市的历练使其逐渐发展出了创业所需要的眼界、能力与性格特质,也常常具有更强的学习能力。笔者对此类创业农民工的人口学基本特征进行初步归纳,发现此类创业农民工都有较长时间的创业经历,获得较大成功时的年龄都在35~45岁。同时,他们常常拥有在珠三角、长三角等沿海发达地区务工的经历,在言谈中都表达了较强的自信心,对于政策具有较强的敏感性。他们的返乡常常以创业为目的,甚至返乡也是捕捉创业机会的需要。

农民工返乡创业的两种类型与前文关于对返乡农民工内部分化的认识以及农民工创业能力和意愿的分析结果保持了高度的一致性。

在两次调查中对农民工返乡的原因进行询问,该结果可以较好地用于分析农民工返乡创业的动力机制。将两次调查数据中对于返乡原因测量的量表综合进行因子分析,可以得出 KMO 值为 0.767,表明此量表具有结构效度。如表 5-1 和图 5-2 所示,可以将所有被调查者的返乡原因归为四大

---

① Lewis G. J., *Human Migration: A Geographical Perspective*, London: Croom Helm Ltd, 1982.

类。依表 5-1 中的成分矩阵,可以将变量分别归于四个成分:成分 1 主要解释了"不想被城里人排斥、瞧不起","在城里生活不习惯","城里的事变化太快,不稳定,回家踏实","城里治安环境差,没有安全感"等社会融入方面;成分 2 主要涉及"想回家乡创业"、"出去挣点钱或者见世面的目标已经达到了,就回来了"等创业引力;成分 3 主要涉及"回家方便照顾老人孩子","在城里小孩上学不方便","现在回家务农日子也能不错","现在老家的条件也好了"等家庭个人因素;成分 4 涉及"城里居住条件差","在城里钱越来越难挣","原来的工作没了,不好找工作"等城市经济环境。

表 5-1 农民工返乡原因主成分矩阵

返乡原因	成分			
	1	2	3	4
在城里钱越来越难挣了	0.398	−0.495	0.204	0.488
现在老家的条件也好了	0.383	0.454	0.481	−0.043
原来的工作没了,不好找工作	0.335	−0.599	0.284	0.361
不想被城里人排斥、瞧不起	0.590	−0.288	0.163	−0.068
在城里生活不习惯	0.570	−0.115	0.108	−0.349
现在回家务农日子也能不错	0.480	0.353	0.342	0.040
想回家乡创业	0.273	0.447	0.155	0.229
回家方便照顾老人孩子	0.400	0.352	−0.491	0.407
城里的事变化太快,不稳定,回家踏实	0.640	0.070	−0.060	0.035
出去挣点钱或者见世面的目标已经达到了,就回来了	0.434	0.419	0.123	−0.045
在城里小孩上学不方便	0.483	0.088	−0.543	0.276
城里治安环境差,没有安全感	0.631	−0.182	−0.209	−0.315
城里居住条件差	0.577	−0.221	−0.261	−0.419

在对两次调查数据进行方差检验时可以发现,对于返乡原因,两批被调查者在"想回家乡创业"、"出去挣点钱或者见世面的目标已经达到了,就回来了"、"现在老家的条件也好了"、"现在回家务农日子也能不错"、"回家方便照顾老人孩子"、"在城里小孩上学不方便"六个变量上有显著差异,可以认为两批被调查者在创业引力和家庭个人因素方面有着显著差异。经过线性回归可以得出,第一批被调查者得分更低,即更倾向于否定回答,可以认为 1 月返乡的农民工中更多是被迫选择返乡,是城市的"推力"作用带动其返乡。

第五章 农民工返乡创业的过程分析

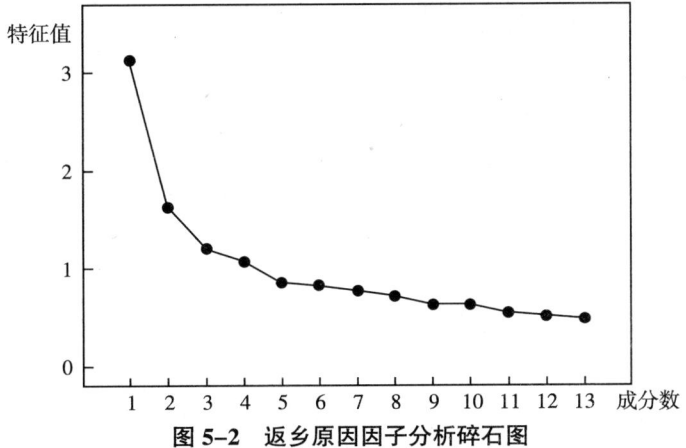

图 5-2 返乡原因因子分析碎石图

而在"最重要的返乡原因"这个问题中,两批被调查者的 Pearson 卡方值为 0.008,表明两者选择有显著差异。由图 5-3 可以看出,第二批被

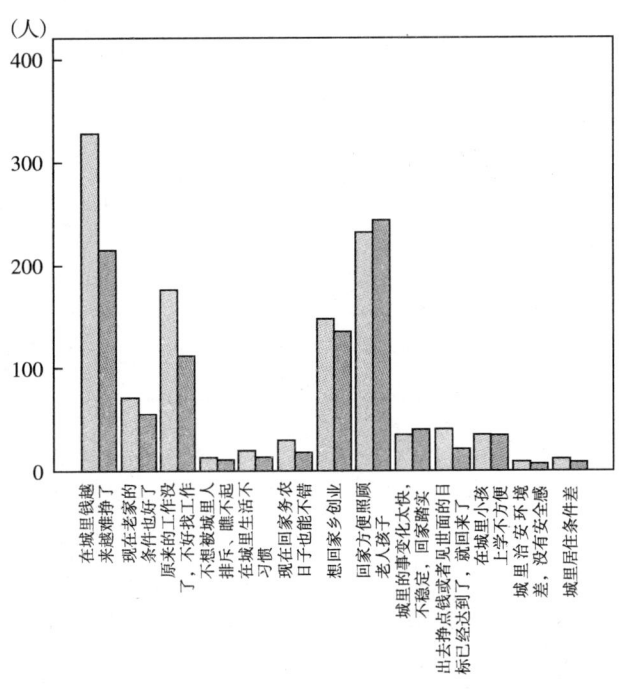

图 5-3 两次调查受访者返乡原因对比

· 91 ·

调查者的返乡原因更多的是因为创业因素和家庭个人因素。

同时，两个时点的被调查者在对未来打算方面也有相当大的差异。在对于"将来是否还会外出务工"的问题上，两者的卡方检验值近似等于 0，由表 5-2 可知，第一批被调查者外出的可能性更大。而"未来生活打算上"的卡方值为 0.009，表 5-3 也表明第一批被调查者更倾向于再次打工。

表 5-2 两次调查受访者未来外出务工意愿对比

			调查月份		合计
			1月	7月	
将来是否还会外出务工	不出去了	频数（人）	222	247	469
		频率（%）	18.5	26.2	21.9
	肯定要出去	频数（人）	499	270	769
		频率（%）	41.5	28.7	35.9
	看情况	频数（人）	482	424	906
		频率（%）	40.1	45.1	42.3
合计		频数（人）	1203	941	2144
		频率（%）	100.0	100.0	100.0

表 5-3 两次调查受访者未来生活打算对比

		调查月份		合计
		1月	7月	
未来生活打算	长期在老家务农	83	72	155
	在老家当个体户、做生意或办公司	292	230	522
	有计划再去大城市打工	337	207	544
	在本地打工	120	103	223
	没有明确计划	334	312	646
	其他	40	22	62
合计		1206	946	2152

经过 Logistic 回归（见表 5-4），可以看出民族、政治面貌、婚姻状况等对于两批人有着显著影响。已婚、党员、汉族农民工更倾向于 7 月返乡，也就是说，这部分人对在家乡创业有着更高的预期收益。

第五章 农民工返乡创业的过程分析

表 5-4 Logistic 回归分析结果

	B	S.E.	Wals	df	Sig.	Exp（B）
家中耕地	0.000	0.001	0.000	1	0.985	1.000
民族（1=汉族，0=其他）	1.027	0.218	22.216	1	0.000	2.793
不识字（1=是，0=否）	−0.267	0.344	0.603	1	0.438	0.766
小学（1=是，0=否）	−0.229	0.205	1.254	1	0.263	0.795
初中（1=是，0=否）	−0.174	0.180	0.943	1	0.332	0.840
高中（1=是，0=否）	−0.186	0.208	0.805	1	0.370	0.830
大专及以上（1=是，0=否）	−0.350	0.301	1.355	1	0.244	0.704
是否是党员（1=是，0=否）	0.640	0.223	8.199	1	0.004	1.896
农村（1=农村，0=城市）	0.149	0.191	0.608	1	0.435	1.161
婚姻状况（1=是，0=否）	0.960	0.114	70.264	1	0.000	2.611
性别（1=男，0=女）	−0.082	0.098	0.703	1	0.402	0.921
常量	−1.876	0.318	34.809	1	0.000	0.153

另外，在外出原因方面"在家没事可干"、"挣钱供家人读书"这两个变量上两批被调查者有显著差异，并且在"外出务工最重要原因"的卡方值为 0.053，可以说明两批被调查者在外出原因上没有差异，均在于改善生活方面（见图 5-4）。由此可以间接推断出，其返乡原因差异产生于外

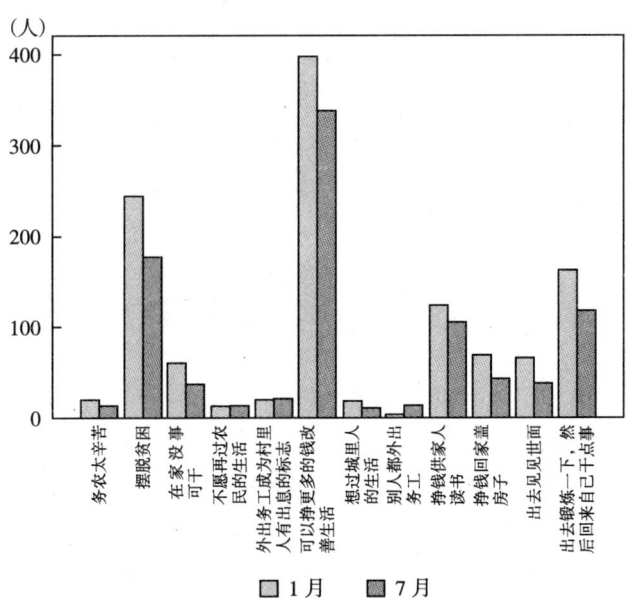

图 5-4 两次调查受访者外出务工原因对比

出务工阶段。

通过分析数据表明，在"返乡前的职业"这个变量上，两批被调查者有显著差异，而在1月返乡的农民工中加工制造业人数大大多于7月返乡人数（见表5-5）。

表5-5 两次调查受访者职业分布对比

		调查月份		合计
		1月	7月	
最近一次外出务工的职业	建筑	279	245	524
	加工制造	512	308	820
	住宿餐饮	85	83	168
	批发零售	64	46	110
	家政服务	31	29	60
	交通运输	39	37	76
	保安与物业管理	47	31	78
	技术性服务	87	73	160
	其他	52	97	149
合计		1196	949	2145

通过前文的分析，可以得知，两批农民工返乡的原因产生于外出务工过程中发生的历史事件，结合社会环境分析，在这个时间段对经济环境产生全局性较大影响的是全球金融危机。1月为金融危机对我国实体经济造成直接影响的时段，而7月时金融危机虽余波尚在，但已趋于平缓，故可以认为，两批被调查者的差异是金融危机造成的。

第三节 农民工返乡创业维持过程分析

在调研过程中笔者发现，曾经尝试返乡创业的农民工普遍表达了一种认识，即创业的维持是十分不易的。资金链断裂、市场波动、政策变化、自然灾害等，都会对农民工创业造成致命的打击。

生存型创业主要以推动性因素为主导，常常是迫于生计的一种选择，成本较低，因此其维持创业活动的成本也较低，且即使退出，其对于地方

第五章 农民工返乡创业的过程分析

经济社会也几乎没有影响。因此,笔者着重分析机会型创业的维持过程,主要通过对若干创业成功案例进行总结,分析农民工返乡创业初期如何在市场竞争中立足并获得相对优势地位,即获得预期成功依赖的关键因素。

积极性、自信、毅力等个性特质常常是创业缘起的动因,也会对于获得外部支持发挥关键作用,但是对于维持创业而言,显然是不够的。创业活动要得以维持,常常还需要创业者拥有相对理性的禀赋和资源,例如前文提到的知识、能力、经验、资金、技术、信息等,也与创业者对于政策变化、市场需求的把握能力有着密切的关系。因此,笔者一方面关注农民工在外出务工过程中积累的资本、技能、信息资源、管理经验以及其价值情感等因素;另一方面,关注其流入地和流出地的政策与社会环境以及一些关键事件和被创业农民工识别为"机会"、"机遇"的因素。

通过对访谈资料和调查数据的补充分析,笔者认为,农民工返乡创业的维持机制主要有三种类型:经验主导型、资金主导型、政策主导型。

一、经验主导型

"经验"在这里是一个相对广义的概念,包括了农民工外出务工期间积累的技术技能、知识、信息、人际关系等。经验主导型创业,指的是农民工创业源于上述经验的积累,是一种农民工自身禀赋提高而发展出的创业。

显然,外出务工经历对于此类农民工创业行动的影响是全方位的。外出务工不仅使农民工在技能、知识、信息、人际关系等方面有所积累,而且对其形成了一种再社会化的作用,使其在视野、能力等方面有了综合性的提高。他们的创业活动是原来在城市工作的一种自然延伸,甚至与原来就业的企业、单位仍然保持着密切的联系。

典型案例一:江西省上饶县郑坊镇人徐某,20岁前往浙江玉环一家金属压铸厂务工,在务工过程中学习并掌握了压铸等技术,并逐渐积累了一定的信息和人脉,5年后在玉环县创办了一家机械压铸厂。2002年,徐某将企业迁回家乡上饶,经过几年的发展,企业已发展成拥有11家子(分)公司,集机械制造、进出口贸易、技能培训等为一体的大集团①。

---

① 江西上饶县提供的创业就业先进典型事迹材料。

典型案例二：河南省范县龙王庄乡人张某，1985年外出务工，曾先后在河北邯郸、内蒙古包头等地的大铁厂、钢厂里做过苦力。在内蒙古包钢打工期间，看到铁厂排出的废渣无处排放，便悟出商机，大胆承包了厂里的废渣，从废渣里筛选铁粉，并用渣粉制砖，开始创业之路。2005年，他返回家乡，利用之前积累的资金，在范县创办了一家铸造公司，安置劳动力2000余人①。

典型案例三：受访者A6，广西梧州人。16岁初中毕业后即到深圳务工，先后在多家民营数码电子厂家工作，从事过零部件组装、产品检测、销售等工作，后来到一家数控机床厂（原来的客户）从事管理工作，受到老板赏识，与老板关系良好。2007年，A6在老板的支持下回到家乡创办了一个机床铸件厂，主要为深圳数家数控机床厂生产机床基础铸件，并逐渐将业务拓展到其他铸件生产。

典型案例四：受访者A9，四川省乐至县人。17岁初中毕业后到成都打工，最初在一家美容美发店做学徒，主要学习理发技术，先后在数家美容美发店工作，期间还被理发店送去培训2次。2010年，在成都工作4年后，与一位理发师结了婚，婚后两人一起在家乡县城开了一家美容美发店，并逐渐拓展到美容美发产品销售，目前已经在周边市县开设分店。

二、资金主导型

资金主导型创业偏重于返乡农民工将外出务工所得收入投资进行创业，而创业行业不一定与其外出务工所从事行业相关。进行这类创业的返乡农民工原本缺乏资金，在外出务工过程中积累了一定的收入，返乡后加以利用，为创业提供了启动资金。

典型案例一：河南省濮阳县人靳某。1994年从部队转业后到青岛、温州等地务工及进行小规模经商。5年后，他完成了创业积累，与妻子带着400万元的打工收入返回家乡，在濮阳市创办了一家包装公司，吸纳当地剩余劳动力100余人，先后投资30多万元，为村里硬化了街道，建起了教学楼，家乡面貌大为改观②。

典型案例二：受访者A10，四川省安岳县人。2002年职高毕业后，经

---

①② 河南省濮阳市提供的创业典型事迹材料。

人介绍在当地一家超市当理货员。干了三个月,她不喜欢这种重复性的工作,而且她自己一直有个计划,就是在安岳开一家餐馆,于是便辞职了,计划找个餐馆的工作学习一下。辞职没多久,家里有个在云南的亲戚(10多年前出去打工,主要承包一些建筑工程)需要人帮忙做一些管理工作,家里人希望A10能去,A10也答应了,她主要的想法是出去见见世面。在云南期间,A10主要做一些接待、核发工资的工作,能拿到两三千元的月薪,年底还有一些奖金。期间A10还做了一些小生意,包括利用淘宝网卖云南特产。2009年,A10回到家乡,利用几年来攒的30万元钱,在县城开了一个云南特色餐厅,兼营云南特产,并逐渐在周边市县开设分店。

三、政策主导型

此处的"政策"多指流出地为增加本地"拉力"而出台的相关优惠措施。这些政策的出台加大了劳动力流出地的引力,农民工在权衡之后认为家乡的收益大于在外务工的收益,于是返乡创业。

典型案例一:广西灵山人潘林夫妇长期在广东务工,先后在餐馆、工厂工作过,后来主要在工厂从事零部件加工、装配工作。2008年底,受全球金融危机的影响,夫妇打工的工厂由于订单减少而裁员,他们回到了家乡。2009年初,在当地政府的优惠政策扶持下,用务工的积蓄租了上千平方米的坡地,建起了白鸽养殖大棚,进行种鸽和肉鸽养殖。2010年,潘林夫妇出售白鸽、鸽蛋和鸽粪的收入超过15万元,他们计划用赚得的钱继续扩大养殖规模,并带动亲戚朋友共同参与养殖工作①。

典型案例二:安徽庐江县人孙某,此前一直在苏州经营一家小型电子加工厂,为中国台湾地区一家企业做代工。受金融危机影响,企业订单减少,但苏州的厂房租金、人员工资等各项成本却居高不下。就在此时,孙某得知庐江县政府准备在她的老家万山镇建立农民工返乡创业园,便毅然决定返乡创业。吸引她的主要有两点,一点是土地、厂房费用较低,政府还有一些费用减免政策;另一点是工人工资相对较低,平均一个工人每月的工资要比苏州低500元左右,而且还可以解决家里一些亲戚朋友的就业工作②。

---

① 广西壮族自治区钦州市灵山县提供的创业典型资料。
② 杨玉华:《安徽部分农民工创业园调查》,经济参考网,2009年12月2日。

典型案例三：2010年上半年，在国家农机购置补贴实施力度加大的背景下，湖南省汝城县政府部门引导1800余名返乡农民工利用在外务工期间积累的资金和国家专项补贴（比例约为1∶6），购买农业机械（运输、收割、机插、农副产品加工类等）480余套，在现代农业生产及延伸产业领域进行创业①。

从笔者目前整理的农民工返乡创业案例来看，前两种类型比较多，大约占80%以上。

第四节 农民工返乡创业形态分析

一、产业分布

笔者首先从产业分布的角度考察了农民工返乡创业的形态。从调研的结果来看，农民工创业涉及的产业相对比较集中，主要包括三类。

第一类是种养殖业。实现农业规模化经营，同步协调推进工业化、城镇化和农业现代化，是国家农业产业发展的基本战略，也符合地方政府产业发展的期待。也只有农村地区才具备发展种养殖业的条件，并且在部分农副产品加工方面具有优势。

第二类是加工制造业，尤其是辅助性产品、配件产品以及以农副产品为对象的加工制造比较集中。例如，四川郫县是豆瓣酱、榨菜的主要产地，近年来当地出现的许多包装厂大都是农民工返乡创业所诞生的企业。

第三类主要是生活性服务业，包括零售、餐饮、娱乐、理发等。这些行业的特点是投资规模门槛低，现金回流快。在此类创业活动中，生存型创业占据了相当大的比重。

之所以形成这三类主要产业，与农民工返乡创业在市场中的核心竞争力有关。①大量成功的创业活动主要依托于农村地区的自然资源，例如种养殖业的具体品种常常与土壤和气候条件有关。②以加工制造业、种养殖

---

① 汝城县农业机械管理局提供。

第五章 农民工返乡创业的过程分析

业为代表,许多企业的竞争优势仍然是相对低廉的劳动力、土地和厂房,其产品面向外部市场,农村地区的企业不过是一个生产基地。③还有大量创业活动主要依赖于当地产业的发展,尤其是旅游业和工业。特色纪念品开发制造、配套产品生产、生活服务业的发展都与此有关。

二、组织模式

从组织模式上看,农民工返乡创业有三种主要模式:个体经营、私营企业与合作社模式。

个体经营模式以家庭作坊式的创业活动为主,常常以返乡农民工的家庭或者家族为单位进行创业,主要以商业和生活性服务业为主,也常常出现在农副产品加工行业。此类组织模式的创业活动还比较明显地分为两类:一类主要面向本地市场,满足当地居民的生活需求,例如开办小餐厅、小商店、理发店等;另一类则是形成了区域性的特色产品生产区,若干家庭作坊共同形成了规模化的生产,还常常能获得政府的大力支持。

笔者曾经实地调研的广西壮族自治区桂平市便是后者的典型代表。桂平市气候温和,雨量充沛,盛产荔枝、龙眼等亚热带水果,但是其所辖的社坡镇、罗秀镇却分别形成了腐竹和米粉两大特色农副产品生产基地。社坡镇拥有超过 1000 个腐竹作坊,行业从业人数 5000 多人,年销售量达到 20000 吨;罗秀镇拥有 120 多个米粉坊,年销售量超过 1000 吨。显然,桂平腐竹和米粉的消费市场并不在当地,而主要在广东省、中国香港地区和东南亚国家。面对如此庞大的生产规模,当地政府也积极参与产品市场拓展,具体方式包括建立专业市场、组织专门化的推销队伍等。

私营企业模式则主要是通过自然人投资设立或由自然人控股的方式,以雇佣劳动为基础成立的营利性经济组织,主要集中在加工制造业、规模化农业、连锁服务业等领域。例如笔者在四川德阳建立的某公司,最初致力于连锁火锅经营,并于 2004 年起涉足农业,包括生猪养殖、粪水利用、大棚种植等,一方面自产自销,另一方面通过外销获得丰厚利润。

合作社模式通常是以某一产业或者产品为纽带,以某人或者企业为主导,大量农民自愿参与的创业模式,所形成的农民专业合作社是一种独特的经济组织形式,与企业法人具有本质区别。按照法律定义,农民专业合作社是在农村家庭承包经营的基础上,同类农产品的生产经营者或者同类农业生产经营服务的提供者、利用者,自愿联合成立的、实行民主管理的互助性经济组织;自愿、自治和民治管理是合作社制度最基本的特征。但是在实践中,由于合作社的成立总是由精英人物主导,他们在核心技术、营销渠道等方面具有不可替代性,当然也是风险的主要承担者,而农民的参与和退出都比较灵活,但是对于合作社的发展却未必有发言权。

第五节 金融危机对农民工返乡创业的影响

调研中发现,2008年金融危机对于产业发展尤其是对外向型加工制造业影响深远,也对农民工返乡创业产生了积极的推动作用,主要体现在两个方面。

第一,在订单大量减少的情况下,大量创业者不得不重新审视和控制企业发展成本。许多创业者发现,早期创业成功主要得益于旺盛的市场需求,而且在创业地点的选择上存在路径依赖,更倾向于选择交通便利、距离产品市场较近、上下游配套产业齐全的发达地区。但是,近年来国家不断在道路交通等基础设施建设方面加大投入,并大力实施西部大开发和中部崛起战略。在此背景下,中西部地区工业化、城市化迅速推进,地方政府也常常开出优厚的创业优惠条件,创业环境明显优化。另外,沿海发达地区越来越高的土地、租金、人员工资成本使企业负担越来越重。金融危机给了许多创业者一个重新思考、调整的契机,尤其是原本就来自中西部地区、从外出务工者逐步发展而来的创业者,更是将返乡创业纳入议事日程。

第二,金融危机也导致了大量农民工失业返乡,尤其是2009年春节前后形成了较大规模的返乡潮。这种突如其来的失业让许多农民工意识到通过外出务工提高经济收入也不是那么可靠,他们开始重新思考他们外出务工的理由,更加理性地权衡他们外出务工的成本与收益。显然,中西部地区的工业化、城市化也增加了就业岗位,为他们提供了另外一种非农就业的选择。因此,沿海发达地区早期发展所依靠的低成本劳动力市场已经开始向中西部地区转移,发达地区的劳动力成本越来越高,无疑也极大地触动了创业者的思维。

因此,金融危机事实上像是一剂镇静剂,给创业者和普通劳动者创造

第五章 农民工返乡创业的过程分析

了一个可以暂时冷静的空间。在这一过程中，许多已经有所积累或是已经创业并获得初步成功的创业农民工开始了创业阵地的转移。

典型案例：受访者A22，南宁市马山人，20世纪90年代便去东莞打工，属于当地较早外出务工的一批人。在东莞，A22最初在一家玩具服装厂工作，该厂主要面向海外市场，产品也是出口到美国及一些欧洲国家，因价格便宜销路较好，一度供不应求。A22进厂后不久就因为勤奋努力、处事灵活而得到老板赏识，一步步走上管理岗位。在玩具厂打工近6年后，A22积累了不少经验，也渐渐接触到一些重要客户，于是便在2002年初办起了自己的第一家玩具服装厂，并且很快接到了原来厂家客户的第一笔订单。由于国外经济形势良好，订单基本上供不应求，玩具厂的效益也节节上升。

2008年对于A22来说是事业上的一个转折点，全球性金融危机的效应逐渐显现，订单大幅减少。而农民工的大规模返乡使得用工成本上升。在这种情况下，A22经过慎重的思考和考察，决定回乡办厂。2008年底，A22带着厂里的20多个同乡回到了马山县，又招募了一批当地的农民工从头开始。目前这个工厂投入200多万元，占地300多平方米，主要产品仍然销往国外，基本上是在美国设计，在国内采购原材料，在家乡工厂完成生产。目前玩具厂大概有100多位员工，除去当初跟着A22回乡的20多个核心员工，其余基本上都是当地为了照顾家庭而返乡的女员工，她们的家大部分在玩具厂附近，这样中午也方便回家做饭照顾小孩。农忙的时候，工厂也会照顾员工，给予大家一定的假期。平时，工厂的业余活动也很多，不仅会定期组织员工出去K歌，在工作的时候也会播放一些使人舒缓愉快的音乐来缓解工作的枯燥。因此，目前工厂的工人对于这份工作还挺满意。因为效益不错，所以A22已经考虑在附近的县开设分厂，并开始考虑进一步打开国内市场。

第六节　农民工返乡创业的主要特征

相对于一般的创业活动而言，农民工返乡创业因其特定的创业主体、创业阵地而具有自身的特点。笔者基于上述分析，对此进行了总结。

· 101 ·

第一，农民工创业仍然以生存型创业为主，但是机会型创业总量亦在增大。与前文对返乡农民工群体特征分析一致，农民工群体的人力资源禀赋和拥有的资源情况决定了其在创业活动中并不占优势，大量农民工创业活动是从解决自身就业、提高家庭收入的角度出发的。不过，拉动性因素主导的机会型创业也在增加，其主要原因在于随着中西部地区工业化和城市化的快速推进，创业的"机会"在增加，一些经过城市生活洗礼的农民工已经开始具备识别和把握机会的能力。在这种情况下，吃苦耐劳等个性品质、对家乡的特殊情感以及共同体社会的人际关系网络，也成为了重要的创业资源。

第二，农民工创业仍然以经验型创业为主，总体上对资本和政策的驾驭意识和能力相对较弱。农民工的创业活动常常与其务工经历直接联系，其人力资源禀赋有所提高，但是限于所受教育程度，其视野、能力的提升十分有限。当然，也有少数农民工已经具备了创业所需的信息与资源整合能力。

第三，与前两点有关，目前农民工返乡创业主要集中在种养殖、辅助性加工制造和生活性服务业。至于各类产业的规模分布，则主要与当地的资源环境和产业规划有关。

第四，从整体上看，创业农民工的特征与高创业意愿农民工群体特征保持了一致性。第四章的分析表明，年龄、婚姻状况、个人经济状况认知、现代性水平等变量对农民工返乡创业意愿有显著影响，而笔者对创业农民工特征进行基本统计发现，实际开始创业行为的农民工也基本在25~35岁，且通常有沿海开放城市或大城市务工经历。不过，那些获得较大成功的，尤其是机会型创业的农民工群体，相对而言年龄更大，基本集中在35~45岁，而且往往具有相对稳定的婚姻和明显较高的市民化水平。

第五，能人经济特征明显，合作型创业较少。笔者发现，在农民工返乡创业活动中，不论规模大小，也不论是何模式，农民工返乡创业基本是以"单兵作战"作为起点，而较少以"团队"为主体开始创业。即使出于资本联合等目标的合伙，各成员间对于企业发展的话语权和决策权也常常是不平衡的。即使是农民专业合作社这样的法定互助组织，在实际运行中也鲜见"民主管理"，常常具有"专制"色彩。

第六章 农民工返乡创业的政策环境与政策实践

农民工返乡创业行为受到他们的自身能力、拥有的资本、乡村社会环境、正规制度安排和社会支持的影响[1],这些因素构成了农民工创业环境的主体,政府必须优化农民工的创业环境,才能为农民工返乡创业提供更多的激励[2]。因此,农民工返乡创业环境研究具有重要意义,本书主要关注其中最重要的政策环境。

第一节 扶持农民工返乡创业政策的基本体系

一、国家层面的扶持政策

2008年以来,政府部门对于金融危机可能引发的大量农民工失业返乡问题给予了及时的关注,劳动力输出大省首先感受到了压力,重庆、江西、安徽、四川等地频频就农民工返乡问题出台了政策文件。这种关注也很快上升到国家层面,2008年12月,国务院办公厅专门下发《关于切实做好当前农民工工作的通知》,要求各地政府部门通过出台和落实有关政策,保障农民工的利益,避免引发严重的经济社会问题,其主要内容包括六个方面:①采取多种措施促进农民工就业;②加强农民工技能培训和职业教育;③大力支持农民工返乡创业和投身新农村建设;④确保农民工工

---

[1] 黄建新:《农民工返乡创业行动研究——结构化理论的视角》,《华中农业大学学报(社会科学版)》2008年第5期。
[2] 郭志仪、金沙:《中西部地区扶持农民工返乡创业的机制探索》,《中州学刊》2009年第2期。

资按时足额发放；⑤做好农民工社会保障和公共服务；⑥切实保障返乡农民工土地承包权益。

这六个方面的要求形成了一个富有层次的目标体系：①稳定和增加就业岗位以减少农民工失业，减少发生社会冲突的可能性；②鼓励农民工返乡创业，既促进新农村建设又创造就业岗位；③加强社会保障和土地承包权益保障，以保证就业困难的返乡农民工的基本生活。

随后，人力资源与社会保障部于2009年2月2日下发《关于做好春节后农民工就业工作有关问题的通知》，提出要"从引导农民工有序流动，稳定城市农民工就业，促进返乡农民工就地就近就业和自主创业等几个方面积极开展工作"，并具体就农民工就业信息服务、减轻企业负担以稳定就业、农民工就业服务和培训、鼓励农民工返乡创业、保障农民工权益、舆论与信息引导六个方面提出了要求。

教育部则在2009年2月20日发布了《关于切实做好返乡农民工职业教育和培训等工作的通知》，通知教育行政部门积极配合各地人民政府，进一步做好返乡农民工工作，具体要求包括：①充分认识做好返乡农民工职业教育、技能培训和子女入学工作的重要意义；②努力招收返乡农民工接受中等职业教育；③积极主动开展返乡农民工的技能培训；④切实落实开展返乡农民工职业教育和创办技能培训的学校；⑤精心组织实施教育培训工作；⑥确保返乡农民工子女及时入学接受教育；⑦加强面向返乡农民工开展职业教育、技能培训和子女教育工作督导检查；⑧多渠道解决经费投入，积极争取地方政府和劳动、农业、扶贫、科技等相关部门的经费和政策支持。全国总工会等单位也同期发布了关于农民工工作的文件。

二、地方扶持政策

2008年底至2009年，地方各级政府也纷纷出台相关政策，一方面落实国家政策精神，另一方面结合本地实际确定工作重点。其中，劳动力输入地的政策主要集中在维护权益、加强保障等方面，而劳动力输出地的政策则侧重扶持农民工就业创业和农民工培训。

笔者统计了10个劳动力输出大省在此期间出台的相关文件，主要包括省级政府及相关部门和部分地市政府出台的扶持性文件（见表6-1），并对其内容进行了相关的梳理。

第六章 农民工返乡创业的政策环境与政策实践

表6-1 2008年底至2009年10省（市）农民工扶持政策文件一览表

省（市）	标题	发文时间	文号
安徽	安徽省人民政府关于进一步做好促进就业工作的意见	2008-06-11	皖政〔2008〕51号
	中共安徽省委安徽省人民政府关于切实做好当前就业工作的意见	2009-01-23	皖发〔2009〕7号
	关于金融支持安徽省农民工就业和创业发展的指导意见	2009-02-09	合银发〔2009〕20号
	安徽省人民政府办公厅关于印发2009年全省农民工工作要点的通知	2009-03-15	皖政办〔2009〕14号
	关于在全省开展返乡农民工星火科技培训行动的通知	2009-03-16	科农社〔2009〕36号
	关于加快农民工创业园建设的意见	2009-04-08	滁政〔2009〕36号
江西	江西省人民政府办公厅转发省劳动保障厅关于做好返乡农民工就业和接续社会保险关系工作若干措施的通知	2008-12-06	赣府厅发〔2008〕77号
	赣州市人民政府印发关于扶持返乡农民工和城市困难企业下岗职工新创业的若干政策措施的通知	2008-12-28	赣市府发〔2008〕40号
	新余市人民政府关于印发新余市扶持外出务工人员回乡创业与返乡就业办法的通知	2008-12-19	余府发〔2008〕43号
	景德镇市人民政府办公室关于积极做好返乡农民工就业创业工作的紧急通知	2009-01-19	景府办字〔2009〕8号
	鹰潭市人民政府办公室转发市工商局关于服务新农村建设促进返乡农民工创业再就业十六条措施的通知	2009-01-21	鹰府办发〔2009〕2号
	南昌市人民政府办公厅转发市劳动局关于做好返乡农民工就业和社会保险服务工作的意见的通知	2009-01-22	洪府厅发〔2009〕6号
	景德镇市人民政府印发关于支持返乡农民工就业创业若干政策措施（暂行）的通知	2009-02-02	景府发〔2009〕1号
湖北	湖北省人民政府关于做好推动创业促进就业工作的通知	2008-10-24	鄂政发〔2008〕60号
	咸宁市人民政府办公室关于印发"为困难群众和农民工提供法律援助"办实事项目实施方案的通知	2009-03-20	咸政办发〔2009〕43号
	湖北省人民政府关于进一步做好扶持创业和促进就业工作的通知	2009-04-23	鄂政发〔2009〕20号
	荆州市人民政府办公室关于进一步做好农民工工资清欠工作的通知	2009-11-09	荆政办发〔2009〕79号

续表

省（市）	标题	发文时间	文号
甘肃	张掖市人民政府办公室关于切实做好当前农民工工作的通知	2008-12-22	张政办发〔2008〕244号
	甘肃省人民政府办公厅关于进一步做好农民工工作的通知	2009-02-12	甘政办发〔2009〕23号
	定西市人民政府办公室关于进一步做好农民工工作的通知	2009-03-04	定政办发〔2009〕22号
	平凉市人民政府办公室关于进一步加强农民工工作的通知	2009-03-24	平政办发〔2009〕40号
	甘肃省人民政府办公厅关于印发甘肃省引导鼓励农民工回乡创业意见的通知	2009-11-30	甘政办发〔2009〕228号
广西	贵港市人民政府关于做好返乡农民工就业工作的通知	2009-01-01	贵政发〔2009〕2号
	广西壮族自治区人民政府关于印发2009年广西返乡农民工创业就业基金实施意见的通知	2009-01-22	桂政发〔2009〕5号
	桂林市人民政府办公室关于做好返乡农民工就业培训工作的通知	2009-02-10	市政办〔2009〕8号
	百色市人民政府办公室关于印发百色市2009年返乡农民工技能培训方案的通知	2009-03-18	百政办发〔2009〕29号
	广西壮族自治区人民政府办公厅关于切实做好当前农民工工作的通知	2009-06-29	桂政办发〔2009〕121号
	南宁市人民政府办公厅关于切实做好当前农民工工作的通知	2009-09-17	南府办〔2009〕222号
河南	河南省人民政府办公厅关于认真做好农民工回乡创业工作的通知	2008-01-18	豫政办〔2008〕10号
	焦作市人民政府关于切实做好当前农民工工作的意见	2009-02-19	焦政〔2009〕6号
	开封市人民政府关于切实做好当前农民工工作的实施意见	2009-03-02	汴政〔2009〕22号
	信阳市人民政府关于进一步做好当前农民工工作的通知	2009-03-16	信政文〔2009〕51号
	平顶山市人民政府关于切实做好农民工工作的通知	2009-03-19	平政〔2009〕20号
	三门峡教育局关于进一步做好面向农民工开展职业教育和培训工作的通知	2009-04-16	三教文〔2009〕98号
湖南	永州市人民政府办公室关于做好返乡农民工工作的通知	2009-01-21	永政办发〔2009〕2号
	湖南省人民政府办公厅关于切实做好当前农民工工作的通知	2009-02-12	湘政办发〔2009〕1号

第六章　农民工返乡创业的政策环境与政策实践

续表

省（市）	标题	发文时间	文号
湖南	株洲市劳动局：关于印发《株洲市2009年农民工劳动合同签订春暖行动工作方案》的通知	2009-03-09	株劳社字〔2009〕14号
河北	河北省农民工权益保障办法	2009-01-16	令2009年第1号
	石家庄市人民政府办公厅关于规范建设领域工程款和农民工工资支付的实施意见	2009-04-26	石政办发〔2009〕43号
四川	四川省人民政府关于促进农民工稳定就业切实解决失业返乡农民工有关问题的意见	2008-12-12	川府发〔2008〕43号
	遂宁市人民政府关于做好返乡农民工工作的通知	2008-12-26	遂府发〔2008〕28号
	内江市人民政府关于促进农民工稳定就业切实解决失业返乡农民工有关问题的实施意见	2008-12-25	内府发〔2008〕69号
	巴中市人民政府关于促进农民工稳定就业切实解决失业返乡农民工有关问题的通知	2009-01-14	巴府发〔2009〕1号
	泸州市人民政府关于切实解决失业返乡农民工有关问题的意见	2009-01-14	泸市府发〔2009〕4号
	雅安市人民政府关于切实做好农民工工作的意见	2009-01-18	雅府发〔2009〕3号
	阿坝州人民政府关于促进农民工稳定就业切实解决失业返乡农民工有关问题的实施意见	2009-01-21	阿府发〔2009〕2号
	成都市人民政府办公厅关于切实做好当前农民工工作的意见	2009-01-24	成办发〔2009〕8号
	绵阳市人民政府关于促进农民工稳定就业切实解决失业返乡农民工有关问题的通知	2009-02-07	绵府发〔2009〕4号
	凉山州人民政府关于促进农民工稳定就业有关问题的实施意见	2009-02-27	凉府发〔2009〕14号
	四川省人民政府办公厅关于促进以创业带动就业工作的实施意见	2009-04-24	川办发〔2009〕33号
	达州市人民政府办公室印发《关于在达州籍农民工聚集地开展技能培训工作方案》的通知	2009-05-11	达市府办〔2009〕29号
重庆	重庆市人民政府办公厅关于引导和鼓励农民工返乡创业的意见	2008-10-17	渝办发〔2008〕296号
	重庆市人民政府办公厅关于切实做好农民工返乡回流有关工作的通知	2008-11-12	渝办发〔2008〕320号
	重庆市合川区人民政府办公室关于做好应对农民工返乡回流有关工作的通知	2008-11-27	合川府办〔2008〕421号
	忠县人民政府办公室关于印发忠县引导和鼓励农民工返乡创业实施意见的通知	2008-11-28	忠府办发〔2008〕103号
	重庆市人民政府办公厅关于进一步做好农民工工作的通知	2009-01-4	渝办发〔2009〕2号

续表

省（市）	标题	发文时间	文号
重庆	重庆市永川区人民政府关于进一步做好农民工工作的通知	2009-02-17	永川府发〔2009〕8号
	关于印发《重庆市建设领域农民工工资支付监管暂行办法》的通知	2009-08-28	渝文审〔2009〕23号

从政策涉及的扶持内容来看，地方扶持政策并未超出国家政策涉及的范围，创业扶持方面的政策主要集中在创业培训、税费优惠、资金支持和贷款支持等领域；从政策的时序来看，大部分省（市）是自上而下先后出台文件，落实上级政府文件精神是政策出台的核心动力；从政策的内容来看，政策出台频度、政策内容翔实程度与劳动力跨省输出规模呈现正相关，四川、安徽、重庆、湖北、河南等省（市）相关政策内容更加丰富和具体。

四川省出台了《四川省农民工权益保护条例》，从农民工培训、就业、教育、医疗、社会保险和保障监督等各个方面切实保护农民工权益。从2009年1月4日起，成都市政府拨出了7500万元款项，一次性向包括返乡农民工在内的人员每人发放500元就业培训券，以期提高返乡农民工的就业竞争力。

安徽省建立农民工返乡情况旬报制度，在信贷、税收、用地等方面予以优惠，积极支持返乡民工自主创业，还加大针对农民工的创业培训力度，在2008年全省2万多创业培训计划的基础上，2009年计划安排覆盖5万人的培训项目。

重庆市政府下发《切实做好农民工返乡回流有关工作通知》，将对返乡创业的农民工给予创业用地、金融信贷、税收、就业再就业四大优惠政策。计划到2012年，把重庆打造成农民工返乡的"创业之都"，实现返乡创业农民工达到18万人。同时，开展"两找"、"三学"、"四帮"，着力提高返乡农民工职业技能和再就业竞争力。

湖北省2008年10月底下发《推动创业促进就业工作的通知》，决定实行产业、税收、收费、财政等十项促进就业的政策。同时公布了《关于沿海地区农民工回流对我省就业影响分析及对策的调研报告》，实施农民工回乡创业工程，全面启动农民工工资重大拖欠隐患旬报制度。

河南省出台鼓励回乡创业十项措施，打造农民工服务平台。劳动部门降低创业培训门槛，为有一定积累、返乡后有创业愿望的农民工提供创业培训和服务，引导他们领办创办养殖业、农业产业化以及农村服务业等项目，开展"凤还巢"工程，为农民工回乡创业开通"绿色通道"。在资金方面，规定要求各级政府给农民工回乡创业安排专项扶持资金，积极给回乡农民工发放小额担保贷款。

值得关注的是，安徽、重庆等地还尝试建设专门的农民工创业园，对农民工返乡创业给予土地和空间支持，并将上述部分政策集合性地进行落实。2008年6月，《安徽省人民政府关于进一步做好促进就业工作的意见》就提出要"加强就业创业园（街、区）的建设和管理服务"，"在产业聚集明显且有劳动保障服务机构的重点乡镇建立农民创业园（区），重点扶持回乡农民工和本地农民入园创业，实施与城市就业创业园（区）同等优惠政策"。2009年初，安徽省发布《中共安徽省委安徽省人民政府关于切实做好当前就业工作的意见》，明确提出"加快省政府确定的第一批103个农民工创业园建设，确保在2009年上半年全部投入使用，再建设第二批150个农民工创业园，为返乡农民工提供创业平台"。截至2010年底，安徽省分3批建设了300个农民工创业园，覆盖全省所有县区。截至2011年5月30日，建成的农民工创业园厂房面积达158.5万平方米，934户企业入园创业，吸纳就业6.6万人①。

安徽省农民工创业园与一般的工业园和开发区不同，主要体现在两个方面：其一是选址主要在乡镇，便于带动当地劳动力就地转移；其二是土地和厂房等前期基础设施由政府投资建设，以解决农民工创业资金不足、规模小等问题。园区除了提供土地和厂房外，还提供政策咨询、创业培训、税费减免、小额贷款、房租减免、水电补贴等"一站式"服务。

笔者在调研中发现，由于土地、厂房的租金都较低（还有许多减免政策），且当地劳动力价格相对较低，这些创业园已经吸纳了相当数量的创业者，并且初见成效。显然，如此强有力的扶持，无疑需要政府大量的投资和补贴，不可能长时间地持续。因此，安徽的农民工创业园定位为"孵化园"，企业入驻时间只能有三年，三年后必须离开创业园。

三、基本政策体系

在这些频频出台的政策中，几乎都包含了对扶持农民工返乡创业的关

---

① 吴量亮：《安徽农民工创业园县区"全覆盖"》，《安徽日报》，2011年7月23日。

注和重视。也正是在这一过程中,我国扶持农民工返乡创业的政策体系已经建立了起来,形成了比较完善的政策框架。具体来说,这些政策主要包括:①提供免费创业培训或者提供培训补贴;②向农民工提供贷款支持,包括贷款贴息、贷款担保等;③通过搭建信息平台、补贴中介机构等方式提供创业信息服务;④完善社会保险制度,解决创业者后顾之忧;⑤在工商登记等方面降低创业门槛;⑥减免税费以降低创业成本;⑦通过开辟农民工创业"绿色通道",推行联合审批、"一站式"服务、限时办结和承诺服务等措施,为农民工返乡创业提供方便;⑧在用地方面给予支持;⑨重点支持农产品加工业,农村第二、第三产业,生态农业和县域中小企业等相对优势的创业领域;⑩鼓励和引导金融机构加大对农民工创业融资的支持力度,对部分农民工创业贷款给予财政贴息;⑪技术支持;⑫创业基金支持等。

总的来说,国家和地方政府基本形成了在目标上统筹引导创业和支持创业,在策略上兼顾现实需求和长远发展的农民工返乡创业扶持政策体系(见表6-2)。从各个省的情况来看,实施得最普遍的政策是"创业培训"和"贷款支持"。

表6-2 返乡农民工扶持政策体系

	应急性政策	战略性政策
引导性政策	1. 降低创业门槛 2. 减免税费 3. 重点扶持优势创业项目	1. 创业培训 2. 创业基金支持 3. 创业信息服务
支持性政策	1. 技术支持 2. 用地支持 3. 开辟农民工创业"绿色通道"	1. 提供贷款支持 2. 完善社会保险制度 3. 加强农村金融服务

那么,这些政策的实施情况如何呢?是否为返乡农民工所了解呢?实施的效果如何呢?笔者进行了专门的了解。

第二节 返乡农民工对扶持政策的了解情况

调查通过对各地政策的梳理,具体列出了11类返乡农民工帮扶政策[1]，并先让受访者逐一判定当地是否出台了该项政策，以初步考察受访者对帮扶政策的了解情况。同时，受访者也可以指出其他当地出台的有关政策。

一、返乡农民工对扶持政策的知晓程度

调查结果显示，明确表示"完全不了解"当地是否出台所列任何政策的受访者占半数以上（52.86%），认为当地"没有出台任何政策"的占19.55%，认为当地出台了相关政策（至少1项）的仅占27.59%。从这一数据来看，返乡农民工对于相关扶持政策的知晓程度是很低的。

进一步的统计（见表6-3）显示，在了解到当地出台了相关政策的返乡农民工中，明确指出当地出台了3项及以上政策的受访者仅占30.9%，大多数受访者只了解到当地出台的1项（41.4%）或2项（27.6%）。

表6-3 返乡农民工知晓扶持政策的数量分布

		频数（人）	百分比（%）	有效百分比（%）	累积百分比（%）
知晓的政策数量	10	1	0.1	0.3	0.3
	8	1	0.1	0.3	0.6
	7	4	0.3	1.2	1.8
	6	5	0.4	1.5	3.3
	5	13	1.1	3.9	7.2
	4	21	1.7	6.3	13.5
	3	58	4.8	17.4	30.9
	2	92	7.6	27.6	58.5
	1	138	11.4	41.4	100.0
	合计	333	27.5	99.9	—
系统缺失		878	72.5	—	—
合计		1211	100.0	—	—

---

[1] 分别是创业培训，技能培训，贷款担保、优惠，设立创业扶持基金，税费优惠，物流运输、用水用电补贴，减免、缓交社保金，发放失业保险金，为子女教育提供便利，优先、优惠申请保障性住房，设立返乡农民工专门岗位。这些政策几乎在各劳动力输出大省的政策文件中都曾被提到。

具体到创业扶持类的政策，税费优惠、贷款担保与优惠、创业培训三类政策的知晓率相对较高，分别为9.2%、9.1%、7.7%，设立创业扶持基金的知晓率仅为2.3%，如表6-4所示。

表6-4 返乡农民工对各类扶持政策的知晓率

政策类型	知晓率（%）
技能培训	14.0
税费优惠	9.2
贷款担保与优惠	9.1
为子女教育提供便利	8.1
创业培训	7.7
设立创业扶持基金	2.3
其他	2.2
设立返乡农民工专门岗位	2.2
减免、缓缴社保金	2.1
发放失业保险金	0.9
物流运输、用水用电补贴	0.8
优先、优惠申请保障性住房	0.8

二、返乡原因对政策知晓情况的影响

在问卷中对农民工返乡原因进行询问，发现"在城里钱越来越难挣了"、"现在老家条件好了"、"原来的工作没了，不好找工作"、"想回家创业"、"回家方便照顾老人孩子"是返乡最主要的五项因素（见图6-1）。

一般来说，如果想回家创业或工作，返乡农民工应该会了解当地的相关政策，以便为未来做更好的打算，因而，我们假设不同的返乡因素对政策知晓情况有一定的影响[①]。

分析发现，"想回家创业"的返乡农民工对扶持性政策的知晓程度相对较高，知晓2项及以上的比例高于其他因素的返乡农民工。但是，知晓3项及以上的比例却低于"在城里钱越来越难挣了"及"回家方便照顾老人孩子"，而由于"现在老家条件好了"而返乡的农民工了解5项及以上

---

① 此处只分析对政策有一定了解的被调查者（即333人）。下文若没有特殊说明，对政策知晓程度的影响分析也是从333人中分析。

政策的比例最高。但是，由于"原来的工作没了，不好找工作"而返乡的农民工对政策知晓状况最差，可见，没有计划的返乡农民工知晓政策状况最弱，不利于他们的未来发展。

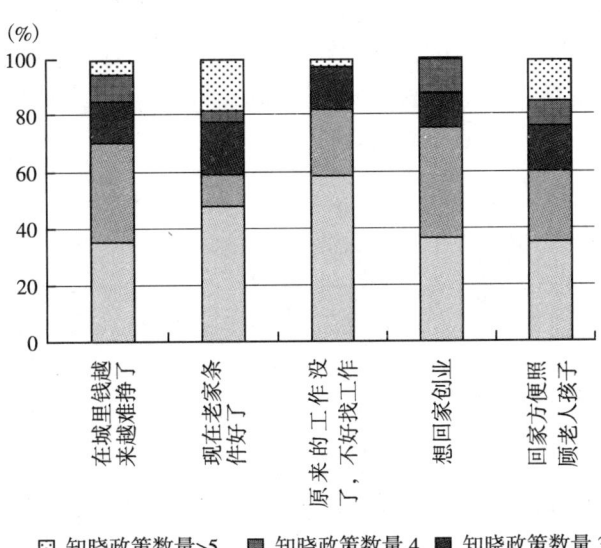

图 6-1　不同返乡原因受访者对政策知晓情况

从图 6-1 中发现，由于家乡引力作用（不论条件改善还是个人因素）而返乡的农民工对政策知晓程度相对较高，这在一定程度上是由于他们自身积极获取政策知识。然而，与假设不同的是，"想回家创业"的对政策的知晓情况并不理想。

三、未来打算对政策知晓情况的影响

除返乡因素影响政策外，未来打算也是影响政策知晓度的因素。调查中对农民工未来打算进行询问，将未来打算分为"长期在老家务农"、"在老家当个体户、做生意或办公司"、"有计划再去大城市打工"、"在本地打工"和"没有明确计划"五种，其中在对政策有一定了解的 330 余人中对政策的知晓程度进行具体分析。

如图 6-2 所示，"没有明确计划"的人对政策的知晓情况最差，接近一半的人了解 1 项政策；在本地打工的人对政策的知晓情况最好，17%左右的人了解 5 项及以上政策，15%的人了解 4 项政策，这与他们一直待在老家有一定的关系，在一定程度上也反映出宣传的局限性。相比而言，"计划在老家当个体户、做生意或办公司"的人对政策的知晓程度居中，没有像假设那样处于最好的位置，可见，尽管他们有一定的目标作为获取政策知识的驱动力，但是受获取途径、自身因素等原因影响而未能很好地了解政策情况。

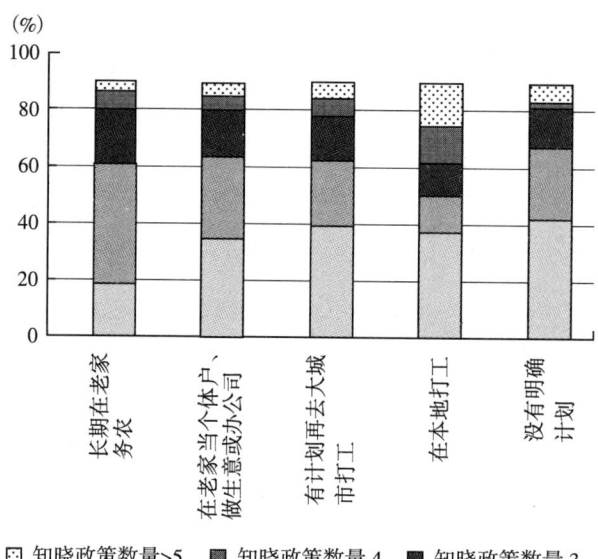

图 6-2 不同未来打算受访者对政策知晓情况

四、政策知晓率：嵌入基层政府民众关系的结构性偏低

关于包含创业扶持在内的一系列扶持政策知晓率低的问题，自然有政策信息传播方式与返乡农民工信息获取渠道没有对接上的问题。此次调研中也发现，政府部门就业帮扶政策信息传播主要通过文件、网络和当地报纸杂志公布，而返乡农民工的主要信息渠道却是电视、亲朋好友、报纸杂志和镇村干部宣传（见表 6-5）。

第六章 农民工返乡创业的政策环境与政策实践

表 6-5 返乡农民工获取政策信息的渠道分布

		第一渠道		第二渠道		第三渠道		综合(%)
		频数(人)	有效百分比(%)	频数(人)	有效百分比(%)	频数(人)	有效百分比(%)	
信息获取渠道	电视	678	63.5	176	18.0	54	6.4	31.42
	亲朋好友说起	164	15.4	299	30.6	219	25.9	23.60
	报纸杂志	27	2.5	175	17.9	161	19.0	12.56
	镇村干部宣传	64	6.0	121	12.4	144	17.0	11.38
	互联网	59	5.5	97	9.9	64	7.6	7.61
	广播	63	5.9	53	5.4	72	8.5	6.51
	告示传单	8	0.7	54	5.5	105	12.4	5.78
	其他	4	0.4	2	0.2	27	3.2	1.14
	合计	1067	99.9	977	99.9	846	100.0	100.00
系统缺失		—	—	234		365		—
合计		—	—	1211	—	1211	—	

不过，仅将原因归于此未免过于草率。事实上，对于政府部门而言，如果要将政策有效传递给民众并非难事，例如 2003 年防控 SARS 的政策宣传就十分到位。笔者认为，返乡农民工政策知晓率低的更深层次原因在于：

首先，通过电视等渠道，返乡农民工对于中央政府、省政府出台的有关扶持政策是有所了解的，这些政策主要是指导性意见，与返乡农民工实际受惠尚有一定的距离，但是许多长期缺乏社会保障意识的农民工已经将其理解为政策的全部。同时，返乡农民工对于基层政府的信任程度较低，他们几乎没有从基层政府获得扶持的意识和期望。也正因为如此，他们几乎不会去关注那些公开发布的扶持信息，他们更信任从熟人那里获得的信息。于是，返乡农民工是否可以获知相关政策信息在很大程度上取决于其是否有掌握信息的熟人，尤其是在政府部门工作的熟人。

其次，扶持返乡农民工政策是一种自上而下的政策，其战略意义很难被基层政府认识到。同时，作为一种扶持类政策，主要定位于发挥辅助性的作用而不是决定性的作用，其政策实施的效果是很难评估的，因此也难以在政策实施过程中建立问责制度。而且基层政府在落实此类政策的过程中，不论从部门利益还是个人利益的角度考虑，都更倾向于选择行政成本更低、社会效益更显著的方式。于是,"发文件+树典型+媒体报道"便成了基层政府落实返乡农民工扶持政策最为主要的模式。其结果便是,政策本身的精神与内容主要在各级政府之间、政府部门之间交流,并不为民众所广泛获知。

最后,返乡农民工扶持政策作为一种带有福利性质的政策,在落实过程中也配套了一定的资源,而且往往是相对稀缺的。于是,在资源分配规则笼统、效果难以有效评估的情况下,在这些资源最终端的分配过程中,不论是从维系社会网络的角度,还是从工作成本的角度,掌握资源分配权力的人都倾向于直接通过个人关系网络进行分配,甚至不惜弄虚作假。这就进一步导致政策信息只为少数获益者所知。

第三节 返乡农民工享受扶持政策情况

返乡农民工对于政策的知晓率较低,在很大程度上影响了其政策支持的获得。那么,那些了解扶持政策的返乡农民工享受政策扶持的情况如何呢?政府的扶持政策是否落实在他们身上了呢?本节将对此进行考察。

一、返乡农民工享受扶持政策基本情况

调查数据显示,有178名返乡农民工表示享受了扶持性政策,占全部受访者的14.7%。同时,在明确表示当地出台过返乡农民工扶持政策的333名受访者中,享受过扶持性政策的占53.94%,而明确表示未享受任何相关政策的则占46.06%。

单从这些数据来看,在获知政策信息的人群中,享受政策的比例并不低。但是不可忽略的是,正如前文指出,政策知晓率尚不足30%。经过进一步的访谈,笔者认为,这种状况并不能简单地理解为:了解相关政策的人很少,但是一旦了解就会主动去争取政策支持。更接近实际情况的机制可能是:一些享受了相关扶持政策的人,在享受这些政策之前,并不了解相关政策,他们是在被指派、推荐或者通过熟人关系享受相关政策的过程中,才了解到相关政策的。以下一些访谈记录可能对此有所支撑:

第六章 农民工返乡创业的政策环境与政策实践

……村支书来找我,说让我去参加培训,不要钱还发东西。我就去了,一看是什么创业培训,人还挺多的,讲什么创业,好像和我也没关系。不过我还是去签了字,领了袋洗衣粉,听了一会儿。我也没好意思走,支书和我平时关系都挺好的,反正也没别的什么事情……

……我兄弟在管这个事情,给了我几张券,说是专门给我们这些打工回来的人的培训券,可以去听课。当时我也在琢磨要干点啥事儿,看见有个讲座是讲养殖技术的,我就去了,听了听,还是有用。我就听了这一个,国家政策还是好哦。后来券也没用完,家里其他人也不去……

这些数据和资料至少反映出:①政府部门主导的政策宣传对于政策知晓率的贡献是要打折扣的,尽管接近30%的政策知晓率已经比较低了;②政府在实施扶持性政策过程中更注重任务指标的完成而并非政策的实效和引导作用;③消耗国家大量投入的扶持性政策在实践过程中对于返乡农民工的实际价值可能远低于预期价值。

同时,享受了相关扶持政策的返乡农民工中,享受了1项政策的占绝大多数,所占比例为73%,享受三项及以上政策的仅占7.9%(见表6-6)。

表6-6 返乡农民工享受扶持性政策的数量分布

		频数(人)	百分比(%)	有效百分比(%)	累积百分比(%)
了解的政策数量	1	130	10.7	73.0	73.0
	2	34	2.8	19.1	92.1
	3	11	0.9	6.2	98.3
	4	2	0.2	1.1	99.4
	5	1	0.1	0.6	100.0
	合计	178	14.7	100.0	—
系统缺失		—	85.3	—	—
合计		—	100.0	—	—

二、各类扶持政策落实情况分析

具体而言,在各类扶持政策中,享受到税费优惠、技能培训、为子女教育提供便利三类政策的比例相对较大,分别为5.1%、4.5%、3.8%,而获得各种补贴、资金支持的相对较少(见表6-7)。这一数据与笔者在调研过程中的发现也是吻合的：在各地实施返乡农民工扶持政策的过程中，政府部门比较强势地占有资金的直接支配权，"少收"政策多于"发放"政策，"为返乡农民工花钱"政策多于"给返乡农民工钱花"政策。

相对而言，享受到创业扶持类政策的人就更少了，除了"税费优惠"政策的享受比例为5.1%以外，其他的都不超过2个百分点。

调查还就返乡农民工培训情况进行了了解。结果显示，12.5%的受访者表示，获得过返乡农民工培训券或者免费的培训机会，11.1%的受访者表示，参加过此类培训。数据显示，明确表示享受过"技能培训"和"创业培训"扶持政策的受访者分别占4.5%和0.8%，两者合计占5.3%，远低于11.1%。出现这一结果可能是因为针对返乡农民工的培训，除了技能培训和创业培训以外，还有较多其他类型。

表6-7 返乡农民工享受各类扶持政策的比例

政策类型	享受比例（%）
税费优惠	5.1
技能培训	4.5
为子女教育提供便利	3.8
其他	2.1
贷款担保、优惠	1.7
创业培训	0.8
减免、缓缴社保金	0.4
设立返乡农民工专门岗位	0.4
优先、优惠申请保障性住房	0.4
物流运输、用水用电补贴	0.3
设立创业扶持基金	0.3
发放失业保险金	0.2

但是，根据笔者的访谈，很有可能是源于返乡农民工对于政策认知的模糊性，以至于他们并不了解大多数扶持性政策的具体内容以及各种政策之间的关系，即使参与了某些培训也没有将其与扶持性政策联系起来。出现这种状况有多方面的原因，除了返乡农民工自身的文化水平有限以外，也与返乡农民工培训"扎堆儿"有关，许多部门通过不同的组织体系、依靠不同的资金来源、依托不同的项目开展重点不同、内容不同、方式不同的返乡农民工培训，确实让人眼花缭乱。

三、返乡农民工对扶持政策的效果认知

对于享受过相关扶持政策的受访者,笔者测量了其对于政策效果的认知。数据显示,7.8%的受访者认为对自己的实际帮助很大,45.9%的受访者认为有一些帮助。而至于这些政策对同村其他人的帮助,则分别有6.4%和38.8%的受访者认为"很大"和"有一些"(见图6-3)。结合访谈情况,笔者认为,这一数据的变化对于基层政策落实机制是一种呼应。由于许多人获知并享受相关政策的渠道在很大程度上是熟人关系网络,他们在对政策效果评价过程中对于积极效应有放大的倾向。

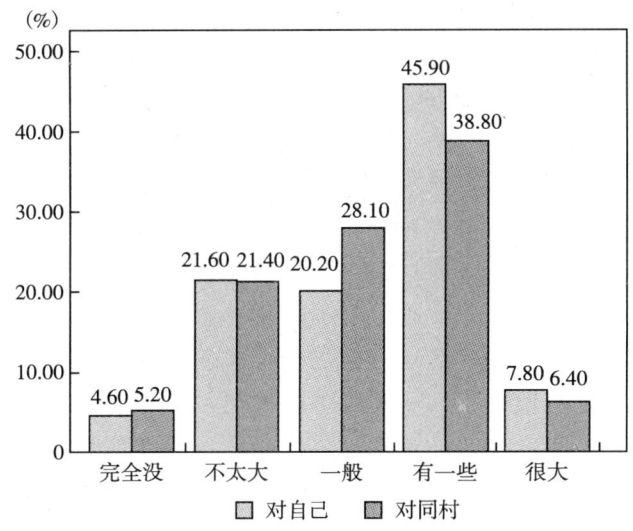

图6-3 返乡农民工对扶持政策效果的评价

第四节 返乡农民工创业扶持政策实施中的问题

许多省(市)都将返乡农民工创业扶持工作作为工作重点,主要政策涉及土地、税费、服务、信息、资金、信贷等。本次调查数据显示,返乡农民工对于政策的知晓率较低,通过扶持政策获益的农民工也很少,而在

创业方面获得扶持的人更是极少数,这与政府投入是极不相称的。那么,在各类政策实施过程中究竟存在什么问题呢?笔者重点对创业培训、税费优惠、资金支持、贷款支持等扶持政策实施过程中的问题进行了分析。

一、创业培训政策:需求缺失与供给不顺

在几乎所有的劳动力输出省,培训都是返乡农民工扶持工作的重要内容,其覆盖面相对较宽,形式多样(培训班、培训券、订单式培训等)。其理论依据在于,培训指向人力资本的提升,是提高农村劳动力素质、帮助农民工就业创业的重要措施。同时,进入21世纪以来,农民工培训一直是国家重点推进的工作,农业部等六部委还在2003年9月专门发布了《2003~2010年全国农民工培训规划》,因此,返乡农民工培训相对扶持工作更具基础性。

创业培训是农民工培训的重要内容,而且由于创业问题是全球政策界、学术界关注的重点问题,创业培训在国内外已经有相对成熟的理论指导和课程体系。在返乡农民工创业培训中,已经有一些地方政府及相关机构将国内外一些曾经取得良好效果的培训形式和内容借鉴过来。但是,在实施过程中,这些创业培训却很难吸引返乡农民工。

调研中发现,大量返乡农民工本身就不具有强烈的发展愿望,很难有提升自己的动力,加之其接受知识的能力较弱,几乎不会对任何培训感兴趣。同时,大量因为失业返乡的新生代农民工,自身积累较少,创业几乎只是个梦想。即使他们有计划创业,也几乎不会认为接受创业培训并懂得一定的管理知识和技术知识是创业的关键。他们常常将创业困难或者创业不成功归因于资金、政策的缺失。

同时,许多地方开设的农民工创业培训,常常超越了农民工返乡创业的基本特征。例如一些地市引入了国外的 SYB (Start Your Business) 创业培训。该培训项目的重点培训内容是如何进行创业策划并编制创业计划书。参加的多数农民工都反映过于"理论",对他们而言,"选什么行业创业能稳妥地赚到钱"、"如何去办理各种证照"、"政府给什么优惠条件"等,是参加创业培训时更想了解的"实际"问题。至于如何融资、如何拓展市场、如何处理团队成员的关系等问题,他们认为"还很遥远",而且不是靠"听课"就可以解决的。

另外,农民工培训本身就还有制度上的问题没有理顺,就调研的情况

来看，许多地方政府在农民工培训过程中的角色是多重的，既是资源分配者，又是组织者，同时还是监督者。这就决定了培训实施者（职业技术学校、培训机构等）的工作导向不是农民工素质提升而是政府部门满意。于是，农民工培训成了一些政府部门必须要完成的"任务"，为了完成任务，有的部门甚至出台政策，给参加培训的农民工发"填场费"，或者给参加培训后注册公司的农民工给予奖励（通常额度在2000元左右），甚至由此形成了寻租空间，进一步导致培训流于形式。

总之，目前农民工创业培训的供给和需求没有较好地对接，其主要原因是政府部门和农民工对于农民工创业路径和关键条件的认知不一致，政府寄希望于农民工不断提升创业能力从而开始创业活动，而农民工的生活经验使其更多地将创业成败归结于资金和政府支持。

二、资金支持政策：制度纳入与现实排斥

政府对于农民工的资金支持主要有"减免"与"给予"两种形式，前者如税费优惠，后者如创业基金支持。从各地的政策文件来看，大部分地方政府都明确提出要通过这些政策扶持农民工返乡创业。

事实上，这些资金支持政策并不新鲜，都是近年来各地招商引资工作中的主要政策。地方政府落实农民工返乡创业资金支持政策的通常策略，都是将相关政策纳入招商引资政策中，并表示将对农民工创业在税费、土地、服务等方面给予一定的优惠。也就是说，返乡农民工获取资金支持，通常需要在招商引资的政策框架下与其他类型的创业者竞争，其本身在资金、技术、管理等创业要素方面的弱势是显而易见的。显然，地方政府也几乎从来不会对农民工返乡创业抱有太大的希望，对于农民工创业的资金支持，只是制度性地"纳入"，持既不排斥也不重视的态度。即使国家层面要求给农民工返乡创业资金支持，也至多在各地"生产"出一批"以点代面"的"典型"。

同时，从调研的情况看，返乡农民工创业也很难获得"创业基金"之类的"给予"型资金支持。一方面，市县财政在此项工作上投入较少，而且都倾向于运用在能够推动本地经济发展的战略性项目上，几乎不可能将目光重点投向返乡农民工；另一方面，国家和省层面的各类专项资金重点扶持的主要是高新技术、创新产品、节能等领域，而且倾向于扶持有一定基础的项目，也难以投入到农民工返乡创业上。而且，从资金回报收益的

角度看，政府部门将创业扶持资金投向返乡农民工也面临更大的风险，相关责任人也必须要承担更大的压力。

三、贷款支持政策：担保瓶颈与行业局限

基于上述政策实施中的困难，各地在返乡农民工创业资金扶持工作实践中，都将重心转移到贷款支持上，出台了一些贷款贴息和担保政策。基于农民工创业的特点，各地几乎不约而同地将农民工贷款扶持政策纳入已有小额贷款政策。重庆、四川的政策是具有代表性的：

2008 年底，重庆市在 2004 年发布《重庆市再就业小额贷款实施办法》的基础上，由就业再就业办公室、劳动和社会保障局和市财政局等 8 个部门联合发文出台《重庆市小额担保贷款办法》（渝就业办〔2008〕16 号），将小额担保贷款政策向农民工延伸，而且扶持力度加大。2010 年 1 月 1 日起，重庆市农民工及城镇登记失业人员申请小额担保贷款从事微利项目，财政贴息比例由之前的 80%提高到 100%，最长贴息时间为两年。申请贷款需要满足一些条件，以实地调研的江津区为例，贷款需要满足 7 个条件，其中相对"硬性"的条件包括：①贷款人应在劳动年龄段内；②有营业执照和固定的经营场所，无不良记录；③属所在社区居委会的常住户口；④经营项目必须符合国家有关政策、法规，必须是微利项目；⑤必须提供经农商行认可的抵押担保；⑥合伙经营实体或企业小额担保贷款还需提供招收各类人员的相关证明材料，为员工购买社会保险的相关证明；⑦贷款人的户口、营业执照（经营场地）、抵押物和担保人必须在江津本区范围内。在担保方式上，主要有三种：①房产担保；②党政事业单位在职职工工资担保；③定期存款担保。

四川省政府在 2009 年初下发了《关于促进农民工稳定就业切实解决失业返乡农民工有关问题的意见》，也将返乡农民工在城镇创业就业人员纳入小额担保贷款政策扶持范围，出台的具体政策与重庆大致相似。其中，一些县（市）还建立了小额贷款担保基金制度。以成都市双流县为例，县财政筹集小额贷款担保基金，由担保公司专户储存于发放小额担保贷款的经办银行。县财政与担保公司签订委托代管小额贷款担保基金协议，按照贷款金额 2%的标准向担保公司支付担保费。而贷款发放、结算、管理、回收和贷款资金监管则由经办银行负责。申请小额贷款的具体程序是：①申

第六章 农民工返乡创业的政策环境与政策实践

请贷款者向户籍所在地村（社区）劳动保障工作机构提交申请材料，包括户口本、身份证、结婚证、房屋产权证、营业执照等；②村（社区）审查；③镇（街道）组织民主评议和资格审查，公示一周后将符合贷款条件的资料上报县小额担保贷款工作领导小组办公室，县小额担保贷款工作领导小组办公室将材料移交县小额担保贷款审核小组（由县劳动和社会保障局、县财政局、县监察局、担保公司、经办银行组成）；④县小额担保贷款审核小组负责对每个申请小额担保贷款户进行实地考察，统一审批，对符合条件的，签署审核意见后报县小额担保贷款工作领导小组办公室；⑤担保公司审核；⑥经办银行审核并决定是否承贷。同时，按照相关规定，如果申请贷款者不能提供房屋产权证，须提供第三人房屋产权证作为财产担保，或者由有固定住所、固定收入和固定工作岗位的第三人提供信誉担保。

另外，江西、安徽、河北、河南等调研地也都出台了类似的政策。从调查结果看，返乡农民工获得扶持性贷款支持的最大"瓶颈"在于担保问题。按照目前各地出台的政策，没有合法的房屋产权，又找不到公务员或事业单位人员提供担保的返乡农民工，是很难获得贷款支持的。事实上，即使有房屋产权，许多返乡农民工也不愿意将其抵押，因为在他们看来，房产是他们生活的最后保障，是不能"拿去冒险"的。不仅如此，银行在面对各类贷款申请时，基于自身的风险评估规则，显然更倾向于将贷款用于支持大学生、私营企业主等在资本、人力资源或信用方面占优的群体，以降低资金风险，这就进一步增大了返乡农民工获取贷款支持的难度。

在这种情况下，一些市（县）在建立返乡农民工信用贷款制度方面进行了探索，例如，内江市资中县根据返乡创业人员创业项目及信用等级（分 AAA 级、AA 级和 A 级 3 个等级）确定信用授信额度，可提供 50000~100000 元的信用贷款。这种政策探索无疑是具有积极意义的，不过由于我国信用体系建设相对滞后，积累个人信用的渠道十分有限，在实践中，信用等级评定和授信额度的确定仍然在很大程度上取决于申请贷款者的经济状况和社会地位（尤其是职业地位）。

从调研的情况看，由政府部门进行产业规划并重点对某些产业进行扶持，鼓励返乡农民工在这些产业领域贷款创业的模式相对运行较好。通过政府的介入和扶持，银行资金的风险降低了，返乡农民工获得贷款支持的可能性也就大大增加了。举例来说，成都农商银行对于农村地区产业的扶持贷款较多，主要集中在地方政府产业规划中的重点行业。例如，在彭州主要支持川芎种植产业贷款,在崇州主要支持藤编、木器加工等产业的创业,而在金堂则主要支持食用菌、花果同树等特色农业创业贷款,在都江堰则主要是对农家乐经营发放贷款。

另外,共青团等社会组织的介入,对于返乡农民工贷款创业也起到了一定的作用。共青团中央在2008年底就与中国银监会联合下发《关于实施农村青年创业小额贷款的指导意见》(中青联发〔2008〕42号),明确提出"大胆创新农村青年创业小额贷款的担保方式","大力发展农村青年创业互保、联保贷款","积极推进农村青年创业小额信用贷款",同时要求各地团组织整合资源加强创业项目挖掘和创业培训,要求银行"简化流程和手续,缩短审批时限",开辟"农村青年创业信贷绿色通道"等。

随后,共青团中央于2009年5月与中国农业银行签署《支持农村青年创业就业合作协议》,同年11月又与中国邮政储蓄银行共同实施"青年小额贷款项目"。基层共青团组织在此项工作中的职能主要是推荐农村青年创业者去向银行申请贷款,而银行独立自主审贷。应该说,共青团组织把握住了当前农村青年贷款难的关键问题,围绕青年贷款创业推荐工作,也有计划推进以下中介性和服务性工作:①通过争取政府资金和社会资金,探索建立风险补偿和代偿机制,例如成立青年创业专项风险补偿基金、青年创业奖励基金等,提高青年小额贷款项目的风险抵御能力。②通过开展创业培训等方式,去联系和动员有条件创业的青年创业。③代表青年向政府争取一些创业扶持优惠政策。④通过评优、奖励等方式,引导贷款者树立信用意识。⑤跟踪贷款项目运行情况,协助银行做好贷后管理、贷款催收、资产保全等工作。⑥促进银行提高对团组织及党政部门评定的奖项和荣誉称号的认可程度,从而将其纳入授信评价体系,降低相关青年贷款的门槛,甚至提供免担保的信用贷款。根据团中央相关部门负责人介绍,农业银行吉林省蛟河市支行等已经出台政策,获国家、省、市级荣誉农村青年小额贷款免担保。

从效果来看,共青团组织在联合有关部门推进农村青年创业小额贷款工作上是富有成效的。截至2009年11月底,已通过各级团组织向农村和城市青年发放小额贷款共计145.9亿元,受益青年超过28万人,其中向农村青年发放小额贷款103.9亿元,受益人数23.6万①。截至2009年12

---

① 《共青团中央:青年创业小额贷款惠及28万城乡青年》,新华社2010年1月8日。参见中国政府门户网站相关报道,http://www.gov.cn/jrzg/2010-01/08/content_1506217.htm。

月底，全国共有 28.28 万农村青年获得创业小额贷款，累计 118.28 亿元，其中信用贷款 33.15 亿元，担保贷款 85.13 亿元。而且，根据团中央农村青年工作部的抽样调查，农村创业青年小额贷款不良贷款率只有 0.65%，远远低于其他涉农贷款不良率[①]。基于这些工作成效，团组织此项工作的拓展有了更大的空间，并且可以进一步增加银行对于团组织推荐的创业贷款青年的信任，以提供更大的资金支持。事实上，这一过程已经形成了一种间接的组织担保机制。

总的来说，从各地贷款支持政策实践来看，许多地方主要是将返乡农民工纳入已有的小额贷款支持政策，但是从比例上看，真正能够获得贷款支持的返乡农民工并不多，而且大多集中在种植业和养殖业。一方面，银行作为商业机构，单从其经济职能而言并没有提供贷款扶持农民工创业的义务，甚至由于农民工创业并无突出优势反而有提高农民工贷款门槛，将贷款更多地用于支持大学生、私营业主等群体的倾向；另一方面，不论是联保、互保，还是抵押、质押，也不管是物质担保、信用担保，还是熟人担保，返乡农民工拥有的可作为担保的资源都很匮乏，而且其承担创业风险的意愿和能力也很弱。不过，目前政府的产业引导和团组织等社会组织的介入，使得返乡农民工获得贷款的可能性和规模有逐渐上升的趋势。

四、农民工创业园：资源难题与寻租风险

安徽农民工创业园政策实施三年来，其成效是显著的。但是，笔者在调研中发现，目前园区发展也存在一些普遍性的问题。由于农民工创业园前期投入较大，且土地厂房租金和税费优惠力度较大，一些乡镇面临资金困难的问题。目前安徽省财政为每个创业园补贴 150 万元，但建设一个拥有四栋标准厂房的创业园光土地与基础设施建设费用就需要 200 万~300 万元，一些并不富裕的乡镇资金缺口较大。同时，相关政策规定要减免水电、卫生、物管等费用，这就意味着地方财政要进一步给予补贴，给一些乡镇也造成了压力。而那些相对富裕的乡镇又常常面临土地资源紧张的难题。

---

① 《共青团中央探索农村青年创业贷款工作促青年创业》，新华网 2010 年 3 月 2 日。参见 http://news.xinhuanet.com/fortune/2010-03/02/content_13082845.htm。

在上级政府政策压力和本地利益张力的双重作用下，一些乡镇在创业园实际运行中排斥资本少、规模小的农民工创业项目，并暗自利用创业园土地厂房和政策进行招商引资，引进那些投资大、对政府财政回报高的项目。这无疑背离了农民工创业园"孵化器"的政策初衷。农民工创业园本身的功能已经逐渐被瓦解，逐渐变成了乡镇开发区或者一般的工业园区。一旦如此，真正需要扶持的创业者未必能得到扶持，即使是那些不应该获得政府扶持的企业，只要挤进农民工创业园，就可以享受相关的租金和税费减免等诸多优于其他园区的政策。

第五节　扶持政策对于农民工返乡创业的作用

不论是政策话语还是实际投入，农民工扶持政策力度在金融危机时期达到了前所未有的高度。应该说，这些政策本身就指向两大目标，其一是稳定，其二是发展。也就是说，国家希望这些扶持政策能够在社会和经济层面发挥双重功能。

从调研结果来看，国家一系列政策的出台，的确让各地返乡农民工感受到了国家的重视和关心。金融危机引发农民工大规模失业，但是既没有影响城市的社会稳定，也没有导致农村地区的社会关系紧张和冲突，应该说，在很大程度上与农民工的认知和心理状态是有关的。他们并不理解金融危机的实质，但是面对国家政府的重视和关心，他们更倾向于将其解读为一种外来危机，加之务工经历塑造的吃苦耐劳品质，他们常常通过调整自我的方式克服困难。也就是说，国家对农民工的一系列扶持政策的确在社会层面发挥了重要的功能。

但是各类扶持政策并没有普遍地给返乡农民工带来"实惠"。在现实生活中，许多人并不知道自己可以获得什么样的政策支持，即使有机会享受一些被称为"扶持政策"的待遇，也常常认为其没有实际用处而放弃。扶持农民工创业，是指向"发展"的核心政策，也是各类扶持政策中相对更能引起地方政府兴趣的措施，各地也的确出台了若干政策措施。但是，至少从调查结果来看，当前农民工创业的种种特征，决定了政府不可能将其纳入战略性规划。基层政府在实践中不太可能将大量的资源和精力投入到以生存型创业为主、以低端产业为主、抵御风险能力和可持续发展水平较低的农民工创业。因此，以扶持农民工返乡创业为主要内容的着眼于"发展"的政策在实践中并没有很好地发挥作用。

当然，这并不是说各地的农民工返乡创业扶持政策完全没有积极作用。调查中访谈的许多返乡创业并取得成功的农民工，在其创业过程中的确获得了政府强有力的支持，前文也专门对一些政策主导型的创业案例进行了介绍。不过，从对调查数据的进一步分析来看，这些创业扶持政策的边际效益较低。笔者将"是否知晓政策"、"是否享受政策"与"目前月收入"进行 T 检验，发现其 p 值分别为 0.005 和 0.05，具有显著性。由此可以推知，月收入较高的人更可能知晓政策并享受优惠政策。这一结果与案例分析中的发现是一致的，目前境况比较好的返乡农民工更有可能受到关注或被树为"典型"从而享受到创业优惠政策，而境况较差的农民工创业者则难以享受政策，呈现出"马太效应"①的特征。

此外，需要注意的是，与当前许多政策一样，上述一系列农民工扶持政策的实践，也进一步强化了农民工与基层政府的紧张关系。大量农民工从各类信息渠道获知国家为返乡农民工提供了一系列的政策支持，但是在实际生活中又没有得到他们想要的、具体的"好处"。于是，他们常常将其归结为基层政府"截流"，从而进一步导致基层政府落实各种政策难以得到民众的支持和配合。

---

① Merton Robert K., *Social Theory and Social Structure*, New York: Free Press, 1968.

第七章 结论与政策思考

扶持返乡农民工创业是统筹城乡发展的具体实践,也是统筹城乡发展的重要切入点,对于农村地区发展和城乡融合意义重大。其过程和机制在于:当前乃至在今后很长一段时间里,统筹城乡发展的过程都将是"以城带乡",农民工返乡创业不仅是其个人及家庭的流动,也能为农村剩余劳动力转移增加就业岗位,更将带动资金、技术、信息以及价值观念由城市向农村的流动,对农村地区经济发展起到积极的作用。因此,扶持返乡农民工应当作为一项战略性工作来落实。

第一节 统筹城乡发展对农民工返乡创业的效应初探

扶持农民工返乡创业包含两层含义:其一是吸引有计划或者已经创业的农民工返乡创业;其二则是为因各种原因返乡的农民工搭建创业平台。

毫无疑问,劳动力输出地自然希望将有限的政策资源用来吸引那些已经有所成就,在资金、技术、信息等方面特别具有优势,尚在城市务工的本地人员。但是,在吸引创业者的各种因素中,乡情的作用相对投资环境而言,显然是十分有限的。如果政府部门的投资环境十分有优势,显然又不会在乎前来投资的创业者是不是本地外出务工人员。

不过,从调查来看,在实施统筹城乡发展战略的背景下,这种状况在一些地方已经发生了变化。尽管统筹城乡发展的一系列制度改革中各个领域的进展并不一致,但是在打通城乡之间生产要素流动的障碍方面的进展却是十分明显的,尤其是国家层面近年来不断加大中西部地区基础产业和基础设施投资[①]，使中西部地区的交通、通信、电力、水利等基础设施大为改善，工业化和城市化进程不断加速，创业环境已经得到显著优化。在这种情况下，价值情感和社会网络对创业者的吸引作用无疑有了显著加强。尤其是对于农民工而言，长期以来在务工地面临的社会排斥，使其对于这些情感和社会因素更加看重。而金融危机则进一步对农民工返乡创业产生了促进作用，其主要机制在于金融危机创造了一个"调整期"，使许多创业者关注到中西部地区创业环境的优化，并且更加理性地考虑创业阵地的选择。

同时，笔者在调研中也发现，各地统筹城乡发展对农民工返乡创业也存在一定的排挤效应。尤其是在统筹城乡发展改革十分活跃的地区，已经基本完成土地综合整治，目前一方面积极寻求农业规模化经营，另一方面也在积极探索农村土地流转制度的突破（或者变通）。在这种情况下，越来越多的大中型企业携资本和技术进入乡村产业发展，而且政府出于财政收入、管理成本等一系列考虑也倾向于将有限的扶持资源用于这些企业。显然，目前以生存型创业为主体的农民工返乡创业，是无法与其竞争的，也很难普遍性地获得政府支持。

当然，笔者并不认为一定要排挤大中企业而扶持农民工创业，如果社会领域的改革不断深化，公共服务持续提升，农村居民能够形成足以与资本抗衡的力量，农民工是就业还是创业并不是关键问题。但是，由于目前统筹城乡发展在社会领域的改革也还比较滞后，一些地区在所辖范围内取消城乡居民登记甚至宣称全域自由流动，但实际上并没有改变居民权利不平等的格局，甚至导致更普遍的不平等。总之，目前尚不能对此进行过多的价值性判断，因为这些改革启动的时间并不长，而且国家层面在推进公共服务均等化方面也不断加大力度。

总之，统筹城乡发展对于扶持农民工创业的效应是多元、复杂的，笔者还将持续关注并争取开展更为系统的研究。

---

① 根据中国政府网站"中国概况"介绍，2003~2008 年，中西部地区基础产业和基础设施施工项目 509758 个，占全国的 66.2%，比 2002 年提高了 5.9 个百分点；基础产业和基础设施投资 129805 亿元，年均增长达 27.8%，比全国基础产业和基础设施投资年均增长水平高 3.3 个百分点。

第二节 农民工返乡创业扶持政策实施现状及评价

一、农民工返乡创业扶持政策实施困境

调查发现，是否享受当地政府返乡农民工扶持政策与农民工返乡创业意愿并无显著关系。也就是说，政策作为一种外生变量，在激发农民工创业热情方面的贡献十分有限。由此可以推出一个假设：当前扶持政策对于农民工返乡创业行为的发生并无显著作用。

笔者对农民工创业活动的实地考察在很大程度上证明了这种假设，当前农民工返乡创业扶持政策实施的基本特征可以用"体系完善、实效较差"来概括。调查发现，从中央到地方，当前扶持农民工返乡创业的政策体系是比较完善的，引导性政策和支持性政策皆有，应急性政策和战略性政策齐全，但是农民工政策知晓率较低，享受到政策支持的农民工更少，而且，即使投入较大、广泛实施的农民工创业培训、税费优惠、贷款支持等一系列扶持性政策常常脱离或者超越农民工创业的实际需求，且在实施过程中面临诸多障碍，对于创业促进和新兴企业发展的作用十分有限。

从更深层次上讲，扶持政策难以落实与几个方面的因素有关。其一，国家层面对于农民工相关问题的关注，更加重视"稳定"层面的问题，扶持农民工创业等"发展"层面的政策常常体现为战略性的、高层次的要求，缺乏具体落实的路径指导。其二，从实施情况来看，包括创业扶持在内的一系列返乡农民工扶持政策的统筹层次较低。许多地市一级的政府出台的相关文件也主要是"传达精神"、"提出要求"，赋予了基层政府落实政策很大的灵活性。其三，当前农民工创业以生存型创业为主，规模较小且大量集中于低端产业，不仅对地方经济增长贡献甚微，也无助于带动就业。基层政府与民众的疏离关系，以及基层政府对低工作成本、高政绩效应、经济增长的过度追求，决定了其在扶持返乡农民工创业工作中缺乏动力，导致"目标明确、体系完善"的政策难以实现其目标。

显然，不论是从落实上级政府的要求出发，还是从获得民众认可和支持的角度，基层政府必须"营造农民工返乡创业的良好环境"并"在扶持农民工返乡创业方面做出成效"，从而惯性地采用"树立典型+加强宣传"的策略，即将有限的资源用于支持个别已经获得较大成功或者特别具有优势的创业农民工，并在宣传中建立并不断强化政府支持与创业成效之间的因果联系。调查数据分析结果中"是否知晓政策"、"是否享受政策"与"目前月收入"的显著关系无疑充分证实了这一发现。

基层政府的这种策略无疑来源于中国政治体制下的长期实践。"树典型"一直是国家加强基层社会的动员、控制和整合能力而采取的一种社会治理策略和技术，也是基层官员简练而又形象地展示自己政绩最为有效的方式之一①。这种策略也在一定程度上向民众灌输了一种"归因"的路径，通过宣传农民工返乡创业典型，让大量民众将自身处于较低生活水平的原因归结为自身能力素质和努力程度，而不是将矛头指向政府。

需要注意的是，树典型过程中必要的"粉饰"必须以信息不对称为基础，但是在当前新型传媒发展迅速并逐渐普及的情况下，信息关联与传播的形态已经发生改变，尤其是面对经历了城市生活洗礼的农民工，政府实施这种策略的过程中出现的"虚假"、"徇私"等现象被暴露的风险越来越大，并可能引发价值情感层面的危机。从调查的情况来看，这种状况已经普遍存在。大量返乡农民工普遍地将其归结为基层政府"截流"，这种认识无疑进一步强化了基层政府与民众之间的紧张关系，导致基层政府落实各种政策难以得到民众的支持和配合。于是，即使一些基层政府已经充分认识到"树典型"策略的危机，但是却发现并没有其他更好的策略。

二、基于统筹城乡发展战略的评价

基于这些分析，可以在统筹城乡发展背景下对当前农民工创业扶持政策进行一个简要的评价。前文已经提到，笔者对于返乡农民工创业政策实施的评价，不是简单地用创业行为的经济效益来衡量，而是主要考察其实施过程是否体现了统筹城乡发展的理念，在政策结果上是否符合统筹城乡发展的目标。

---

① 冯仕政：《典型：一个政治社会学的研究》，《学海》2003年第3期。

第七章 结论与政策思考

首先，从政策实施的公平性来看，农民工创业政策的实施是不尽如人意的。知晓政策的返乡农民工比例不到30%、享受政策的返乡农民工比例不到15%，便是最为直观的反映。同时，目前农民工返乡创业获得政策扶持通常与下岗职工、失地农民和大学毕业生在统一政策框架下，在资源有限的情况下，农民工竞争创业政策支持显然是不占优势的。以目前最为普遍的贴息小额贷款政策为例，农村居民最大的障碍是缺乏担保。一方面，农村居民找到公务员或事业单位人员进行信用担保并非易事；另一方面，农村居民的房屋、承包土地等由于产权性质又几乎不能作为合法的贷款抵押物。因此，表面上看，农民工似乎与下岗职工同样属于政府贴息小额贷款政策的扶持对象，实际上并不能公平地获得支持。同时，笔者2013年4月在江西某市补充调查还发现，目前对于返乡农民工创业扶持的政策中，有一个对"返乡农民工"的界定，必须是"2008年10月前外出务工，2008年10月后返乡"才能作为扶持政策范围内的"返乡农民工"享受政策支持。这种规定的背景不难理解，自然与应对金融危机有关，也易于操作，但这种政策无疑是极不公平的。笔者认同务工经历应该作为政策支持考量的指标，但是这一政策直接将2008年以后外出务工的农民工完全排斥在制度之外，过于简单粗暴。

其次，从政策对社会秩序与社会和谐方面的效应来看，如前文所言，国家一系列政策的出台，的确让各地返乡农民工感受到了国家的重视和关心。金融危机引发农民工大规模失业，但是却既没有影响城市的社会稳定，也没有导致农村地区的社会关系紧张和冲突，应该说在很大程度上与农民工对国家政权的高度认同是有关的。在笔者调查中，农民工对金融危机引发相关问题的认识以及面临问题的"归因"逻辑也证明了这一点。但是，大量返乡农民工在实际生活中又没有得到他们认为国家已经给予的政策支持，在近年来城镇化进程中基层政府发展张力与民众利益常常发生冲突的情况下，这种认识无疑进一步强化了基层政府与民众之间的紧张关系，导致基层政府落实各种政策难以得到民众的支持和配合。实施上，扶持农民工返乡创业的实施困境代表了一系列社会政策的实施现状，这些政策的实际运行，形成了一种隐含风险的秩序认同。

从政策的可持续性来看，扶持农民工创业政策经历了2008年金融危机爆发时期的"全面开花"以后，目前已经出现了较大的分化。一方面，金融危机对于农民工就业的影响已经减弱；另一方面，中西部地区的工业化、城镇化已经全面启动,农民工的就业需求量显著增加。在这两方面原因的作用下,农民工就业创业已经不是当前中西部地区基层政府的核心工作,农民工创业扶持相关政策实践主要走向四种结局:①政策失效或被中止,例如农民工创业"绿色通道"。②政策被纳入其他政策体系内,例如返乡农民工创业贷款支持就基本纳入到劳动就业部门的小额贷款支持政策中,创业税费优惠政策纳入到工业园区政策中。③政策成为其他政策的附属性政策,比较典型的是创业培训政策。从调查来看,创业培训资金常常有多种渠道来源,相对充裕。但是,由于曾经出现过套取培训资金等严重问题,目前的监管相对严格。在这种情况下,地方政府并没有动力去推进这项工作,同时城乡居民参与培训的需求很少,因此实践中这一政策常常还需要通过省(市)政府硬性下达任务指标才能勉强运行。接到任务指标的政府就业部门,通常将其与其他能够满足民众需求的扶持性政策关联起来,最常见的是将其与小额贴息贷款政策进行关联,要求获得贷款的创业人员必须参加创业培训。④政策继续实施但常常有不稳定性,比较典型的是劳动就业以外的政府部门、群众团体和社会组织的一些创业基金支持项目。基于这些分析,可以看到,目前扶持农民工创业的政策多数没有形成持续发展的机制。

第三节　统筹城乡发展背景下的农民工返乡创业扶持政策体系构建

中国城乡发展面临源自城乡"二元"结构的一系列制度性障碍,在国家实施统筹城乡发展战略的背景下,扶持农民工返乡创业作为一项促进城乡经济社会融合的工作,具有十分重要的战略意义。但是,任何创业活动必然要受到创业主体特征、市场环境、体制环境以及其他一些因素的影响,农民工返乡创业同样如此。坚持推进扶持返乡农民工创业,并不意味着在任何时候都要不断加快速度、增大投入,也不意味着要倾尽全力,遍地开花,而是应当基于对农民工返乡创业的系统研究,适时调整工作的力度和重点。笔者围绕统筹城乡发展的核心目标与理念,尊重城乡经济社会发展现实,科学分析影响农民工创业的各种因素,构建了一个有利于扶持农民工返乡创业并取得实效的政策体系(见图7-1)。

第七章 结论与政策思考

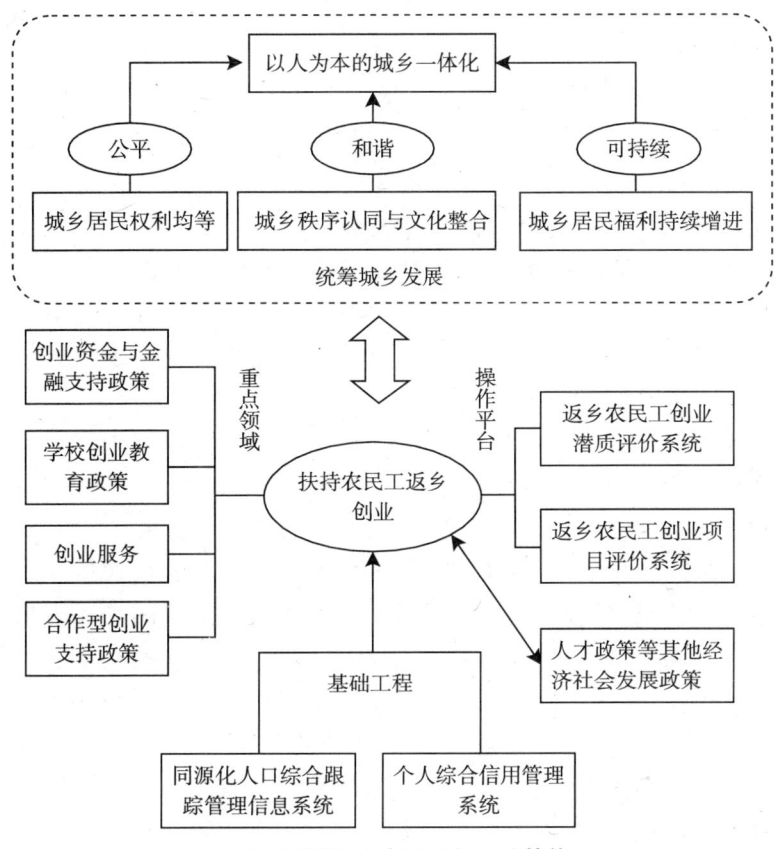

图 7-1 扶持返乡农民工创业政策体系

一、返乡农民工的分化与创业潜质评价系统建设

本书着重分析了返乡农民工群体的特征，因为他们是创业扶持政策的另一对象。调查结果表明，不论从知识和能力等内在素质，还是从对资金、技术、信息等外在条件来看，当前返乡农民工总体上的创业能力都比较弱。

不过，返乡农民工的分化也是十分明显的，综合各种因素，笔者认为，目前返乡的农民工大致可以分为三类：第一类是在城市劳动力市场竞争中处于弱势，主要因就业困难而返乡的新生代农民工，占3~4成。他们大多比较年轻，进入劳动力市场不久（多数为3年以内），人力资本和社

· 135 ·

会资本的积累相对薄弱,抵御外部风险的能力相对较弱。第二类是已经外出务工一段时间,家庭经济收入状况有所改善,或者增加收入的压力减小(例如家庭其他成员收入趋于稳定或增加,子女完成学业进入劳动力市场等),主要出于照顾老人、孩子或养老等考虑而返乡的农民工。此类返乡农民工以年龄偏大者和女性居多,占3~4成。第三类则是在外出务工过程中积累了一定的技术、资金、信息和人脉,并有意返乡创业的农民工,占1~2成。此类人群是农民工中的相对优势群体,经济状况较好,也是地方政府扶持农民工返乡创业政策的主要对象。但是,即使已经走上创业道路的,也是以个体、家庭作坊式经营为主,真正能够创立规模较大的私营企业并吸纳较多本地劳动力的还是少数。

与这种客观的创业能力较弱相比,返乡农民工群体在主观上的创业意愿却要强烈得多。返乡创业曾经是大量农民工外出务工前的理想,他们在城市经历了"社会排斥"后,这种理想甚至还有所强化。调查发现,年龄、配偶、个人经济状况认知、现代性水平等变量对返乡农民工返乡创业意愿有显著影响,相对年轻、现代性水平较高、有配偶的农民工更具有返乡创业倾向。而实践中的创业农民工群体也的确具有这些特征,他们年龄集中在25~35岁,已婚者占据较大比例,且通常有沿海开放城市或大城市务工经历。不过,那些获得较大成功的创业农民工,尤其是机会型创业者,相对而言年龄更大,基本集中在35~45岁,而且往往具有相对稳定的婚姻和明显较高的市民化水平。这就进一步印证了农民工创业常常有一个摸索历练的过程,并且以经验型创业为主。

另外,调查数据也表明,那些自认为处于较低社会经济地位的返乡农民工返乡创业意愿显著高于自认为经济状况处于相对高水平的个体。这一结果预测了农民工返乡创业更多受"推动性"因素影响,与实践中的农民工创业以"生存型创业"为主无疑是高度吻合的。

因此,扶持农民工返乡创业必须准确把握政策对象的基本特征。农民工知识积累相对较少,且在资金、技术、信息占有上也处于劣势,但是也并非完全没有优势。经历了城市务工生活的农民工,较容易发展出创业所需的吃苦耐劳、坚韧不拔等个性品质。而且,农民工群体已经出现分化,一部分敢闯敢拼、视野开阔、善于学习的农民工已经具备了良好的创业潜质,政府部门应该对他们进行更多的关注和扶持。从调查结果来看,经济状况良好(无生计之忧)、家庭基本稳定、有过在特大城市或沿海开放城市务工经历的新生代农民工,具有较高的创业意愿和的较高的创业潜质,是返乡创业扶持政策应该关注的重点群体。

但是,政府部门进行创业扶持在很大程度上主要是基于对创业项目的考察,例如目前普遍实施的小额贴息创业贷款支持政策,在运行上通常必须是创业项目已经开始实施,才能申请贷款。在这一过程中,政策支持与否、力度大小几乎不会考虑创业者本身的差异。笔者认为,应该更加注重公平导向:一方面使农民工通过发展和提升自我都有机会获得创业政策支持的机会和空间;另一方面能否获得支持、支持力度,不仅要评价创业项目本身的预期收益和风险,也应该将农民工的创业潜质考虑进去。基于前文关于农民工创业能力和创业意愿的研究,笔者尝试建立了一个返乡农民工创业潜质评价模型(见表7-1)。

表7-1 返乡农民工创业潜质评价指标

一级指标	二级指标	二级指标含义
人格心理	年龄	新生代农民工具有更强的创业意愿与可能性,同时会增加体力优势,降低了因为健康而导致创业失败的风险
	家庭稳定性	家庭基本稳定更具有创业意愿和创业能力,以及创业持续发展的支撑
	现代性水平	现代性对于创业意愿和能力均有显著影响,可以参考本研究中使用的量表作为具体的指标
	接受新挑战意识	可以通过考察工作流动性来进行测量,主动变换工作频率较高的,更可能有创业潜质
禀赋	受教育水平	受教育水平是衡量创业者个人禀赋的重要方面,受教育水平更高的创业者可能对创业成功更有帮助
	经济状况	经济状况良好使创业拥有更强的资源动员,并且可以提高创业者承受风险的能力
经验	外出务工时间	是否具有外出经验是衡量创业者是否具有熟练性的一个方面,曾经外出务工也会开阔眼界,以增加信息收集能力
	资质或培训经历	对创业领域有一定的资格考核或者曾接受过培训的创业者可能会更有经验,更加熟悉整个创业的步骤等

当然,这一指标体系的构建是十分粗略的,其主要是根据前文已有的数据分析来形成的,还比较缺乏系统性,且提出的这些指标也还有待进一步检验。提出这一体系最大的意义是提供这样一种创业潜质评价的思路,使其与当前已经在实践中普遍使用的"创业项目评价系统"相辅相成。在此,对于实践中已经比较成熟的创业项目评价系统,在此也不再赘述。

二、农民工返乡创业扶持的重点领域

就具体的扶持政策而言,应当以公平为导向,准确把握农民工创业的实际特征,回应创业农民工的需求,了解其面临的实际困难,提升政策的针对性和实效性。就笔者调研的结果看,目前开展农民工创业培训脱离农民工的实际需求,资金使用效率相对比较低下,在短期内应该减少资金投入。相对而言,农民工创业扶持政策的重点领域应该包括:

第一,创业资金与金融支持。政府部门应当充分认识到农民工创业在获取资金支持方面的困难,积极联合金融机构探索建立农民工联保贷款、信用贷款、担保贷款等多种形式的贷款机制,探索民间资本支持农民工返乡创业的平台建设和监管制度建设,同时多方整合资源为农民工提供资助和贷款贴息,切实为农民工创业提供资金支持。

第二,加强学校创业教育。创业能力可以经由系统的创业教育加以培育,这是世界各国在创业实践中形成的共识。在许多欧美发达国家,创业教育和创业培训常常是相辅相成的,但是从前文的分析来看,农民工的创业培训政策实践是面临诸多困难的。但是,这并不能否定创业教育的重要意义。基于我国城乡居民长期以来对学历教育和培训持有截然不同的态度这一现实,国家应该加强学校创业教育,尤其是在农村地区的学校教育中增加创业课程和创业实践教学内容。传统的认识常常将农民、农民工与创业绝缘,认为帮助其就业是实践教育的重点。但是从调查结果来看,新生代农民工的创业意愿已经较父辈有了显著的提高,如果在其接受义务教育阶段就有系统的创业教育,无疑可以进一步增强其创业意愿,培育其创业能力。同时,将创业教育全面纳入基础教育阶段的学校教育,也有利于全社会创业文化的培养。

第三,优化创业服务,降低创业成本。事实上,对于目前以生存型创业为主的农民工返乡创业来说,各地在金融危机蔓延时期建设的创业绿色通道实际上是十分必要的政策支持。具体措施应该包括进一步简化审批手续,优化审批流程,缩短审批时间,切实降低创业成本;完善创业辅导服务,通过政府建设创业辅导服务体系或者购买社会服务等方式,引导各类社会中介组织为创业者提供公共服务,包括创业咨询、政务代理、市场开拓、管理咨询、法律咨询、技术支持等服务。

第四，鼓励合作型创业。地方政府可以继续在相关政策框架下加大对合作社创业模式的政策支持力度，发挥龙头企业、精英人物在农民工创业中的带动作用。同时，基层政府应该在国家社会组织管理变革的背景下，尽快出台国家允许部分社会组织直接登记的细则，充分发挥社会组织在创业扶持过程中的作用，在政策中赋予其相应的主体地位，使其促进农民工的组织与合作。合作型创业不仅有利于农民工更好地聚集资源、信息，形成互补性合作，而且也有利于通过联保等方式获得金融支持。

三、农民工返乡创业政策与相关政策的对接

在出台各种扶持政策促进农民工返乡创业的同时，也需要认识到，农民工相对薄弱的知识与能力基础要在短期内迅速提升几乎是不可能的事情，政府部门可以通过将农民工创业扶持政策与其他政策相结合，有针对性地解决农民工创业"短板"问题。

人才、知识和技术无疑是农民工创业中最为匮乏的资源，地方政府可以充分利用目前的中西部发展支持政策，整合人才智力资源，落实农民工创业扶持。目前国家人事系统主导实施的"三支一扶"（支教、支农、支医和扶贫）、共青团系统主导实施的"大学生志愿服务西部计划"、教育部主导实施的"农村义务教育阶段学校教师特设岗位计划"等基层服务项目为西部基层整合了一大批接受过高等教育的人才，其拥有的智力优势恰恰是农民工群体最为缺乏的。

这些项目有的是直接为基层引进人才，有的是通过定期轮换的方式吸纳人才，但总的来说都保持了人才队伍的相对稳定。地方政府可以通过搭建平台和政策支持，鼓励这些大学毕业生参与到扶持农民工返乡创业活动中，甚至可以鼓励他们直接利用农村地区的优势资源进行创业，并带动当地农民工返乡创业。这些举措显然也有利于地方留住人才。

同时，扶持农民工创业的成效与农村地区教育、公共服务、社会保障等城乡社会领域的制度改革和政策调整具有深层次的联系。坚持统筹城乡发展战略，推进这些领域的改革发展，可以在很大程度上改善扶持农民工返乡创业工作的机制、过程与实效，成都、重庆等地的实践也已经初步证明了这一点。

统筹城乡发展背景下的农民工返乡创业研究

四、农民工返乡创业扶持基础工程建设

当前农民工创业扶持中面临的一系列难题，从根本上讲，也常常与一些基础性的工作没有做好有关。举例来说，2008年底金融危机蔓延造成大量农民工因各种原因返乡，国家层面在就业创业方面投入了大量资源，笔者的研究已经初步表明，由于大量政策实施效果较差，造成大量资金浪费。事实上，这与各地外出务工人员基础信息缺失是有关系的。一些地方政府即使想做一些实事，也常常感觉无处下手，最后还是只能通过树立个"典型"了事。例如，要给返乡农民工提供一些资金支持，但是返乡农民工怎么界定，信息怎么核实，都是难题。这也就难怪前文所提到的江西某市，为了让贷款支持政策具有可操作性，直接以某一时点来界定扶持对象了。也就是说，基层政府扶持政策的落实很难做到科学规划、有序推进。

因此，笔者认为，各地政府应当依托信息化、网络化基础，建立覆盖城乡的人口综合管理信息系统，并实现数据同源。目前，国内绝大多数县（市）的人口数据是多头建设、维护和管理的。最普遍的一种情况是，公安部门、人口和计划生育管理部门、人力资源和社会保障部门、民政部门、流动人口管理部门等部门分别有各自的人口数据库，而且由于人口管理的目的不一样，其数据的完整性、采集和维护方式、统计口径也存在较大差异。这种现象一方面使包括社会管理在内的政府管理效率低下、部门利益割据，还常常因为缺少实有人口准确信息而无法科学决策；另一方面也给居民带来诸多不便。应该将所有人口数据库整合为一个城市常住人口数据库，政府相关部门在其职权范围内对于人口数据拥有不同的浏览、添加和更新权限，且所有数据操作设置留痕期和恢复期。

通过这一系统，实现实时跟踪掌握人口流出和流入信息，从而不仅可以更好地为农民工提供服务，也有利于进行科学决策与管理。其中，可以建立外出务工人员信息管理子系统，关注其发展，帮助他们解决务工期间的一些困难，并通过短信、微博等新型媒体向外出务工人员表达关怀，一方面有利于政策的有效实施，另一方面也有利于强化情感联系，增加其返乡创业的动力。

另外需要建设的基础工程则是个人综合信用管理系统。笔者认为，随着市场经济的深入发展和社会文明水平的逐步提升，个人信用将在社会生

活中扮演越来越重要的角色。个人信用是一个长期积累的结果，其判定是基于个人在经济社会生活中的若干相关表现，可以准确地反映出个人的诚信水平。

目前，我国金融系统已经建立了个人征信系统并投入使用，早已开始为银行贷款审批、信用卡发放提供了充分的依据。但是，没有贷过款、办理信用卡的农民工是不可能被纳入并累积信用的，这也是其很难获得免担保金融支持的原因。另外，通信系统、工商系统、公安交管系统等也都在各自的领域基于各自的人口数据建立了类似征信管理的制度，例如将有不良记录的居民列入"黑名单"，并由此对他们获取相关服务的权利进行限制；或者要求他们通过缴纳押金等方式来获得相关服务。不过，这些大大小小的涉及信用管理的系统之间基本是完全割裂的，甚至在同一行业内也没有整合起来。也就是说，个人综合信用管理系统还没有建立起来。在这种情况下，个人的诚信行为对于个人在社会生活中获得各种服务并无显著影响。

笔者强调的是，居民的综合信用应当成为其重要的社会品质，并在很大程度上影响其参与经济社会活动。具体来说，居民综合信用可以划分为多个维度，且每个维度的指标由不同的公共部门来进行管理，每个指标可以反映个人信用的某一方面，而所有指标又可以通过生成一个综合指数，以清晰、准确地量化一个人的诚信水平。各指标及其综合指数共同成为影响居民获取某一方面公共资源权利的重要依据。这一基础工程的推进，无疑也有利于包括农民工在内的创业者向市场和社会更好地整合资源。当然，这显然也有利于形成良好的社会秩序及秩序认同，增加社会文明，符合统筹城乡发展的理念和目标。

笔者期待，在统筹城乡发展战略的背景下，扶持农民工返乡创业能够拉动城乡经济社会的新一轮发展，开创城乡高度融合、民众安居乐业的新局面。

附录：调查问卷

P1. 问卷编号：_____ P1 ☐☐☐

返乡农民工生活状况调查问卷 2009

尊敬的女士/先生：

您好！

为了了解返乡农民工的生活状况和需求，为制定相关政策和决策提供数据支持，我们组织了本次调查。您的答案没有对错之分，按照真实情况回答即可。若无特殊说明，每个问题只能选择一个答案。我们将严格遵守国家相关法律法规，对您提供的个人信息只用作统计分析和研究，保证对您的回答予以保密。

衷心感谢您的配合与支持！

——"返乡农民工状况调查"课题组

P2. 访问日期：2009年____月____日   P2A ☐☐ P2B ☐☐

P3. 被访者姓名：_____   P3A_____
　　联系电话：_____   P3B_____
　　住址：_____省_____市_____县（市、区）_____乡（镇、街道）_____村（居委会）
P3C1____ P3C2____
P3C3____ P3C4____
P3C5____

续表

P4. 调查员（签名）：_____	P4 ☐☐
P5. 初检（签名）：_____	P5 ☐
P6. 复检（签名）：_____	P6 ☐
P7. 录入（签名）：_____	P7 ☐

一、个人和家庭基本情况

序号	问答区（调查员填写）	编码区（录入员填写）
A1	性别： （1）男　　　（2）女	A1 ☐
A2	您的出生年月：____年____月	A2 ☐☐（填年龄）
A3	您的民族： （1）汉族　　　（2）少数民族	A3 ☐
A4	您的受教育情况： （1）不识字或识字很少　　（2）小学 （3）初中　　　　　　　　（4）中专、技校 （5）高中　　　　　　　　（6）大专、高职 （7）大学本科及以上	A4 ☐
A5	您的政治面貌： （1）中共党员　（2）共青团员　（3）群众　（4）其他	A5 ☐
A6	您目前的户口是： （1）农村户口　　　（2）非农户口	A6 ☐
A7	您的婚姻状况： （1）未婚　（2）初婚有配偶　（3）再婚有配偶 （4）离婚　（5）丧偶	A7 ☐
A8	您家里有几口人？（即平时与____人一起生活）	A8 ☐
A9	您有____个儿子，____个女儿？	A9A ☐　A9B ☐

续表

序号	问答区（调查员填写）	编码区（录入员填写）
A10	您有____个兄弟，____个姐妹？	A10A ☐ A10B ☐
A11	平时哪些人与您一起生活？ (1) 父亲　(2) 母亲　(3) 配偶 (4) 兄弟姐妹，其中兄弟____个，姐妹____个 (5) 子女，其中儿子____个，女儿____个 (6) 其他_____	A11A ☐ A11B ☐ A11C ☐ A11D ☐ A11E ☐ A11F ☐ A11G ☐ A11H ☐ A11Q_____
A12	2008年，您家里各种收入总和大概是_____元？	A12 ☐☐☐☐☐
A13	您外出务工前，家里承包几亩耕地？_____亩	A13_____
A14	您外出务工时耕地如何处理？ (1) 家人继续耕种　(2) 撂荒 (3) 转包给同村人　(4) 被征收 (5) 集体回收　(6) 将耕地作为资本入股分红 (7) 出租　(8) 其他_____	A14 ☐ A14Q
A15	近三年，您每年从耕地里得到的收入大概多少？（没有填0）_____元	A15 ☐☐☐☐
A16	您第一次外出务工前，家里有几亩宅基地？_____（注意不是住房面积，填数字，可以是小数）	A16_____
A17	您外出务工期间，宅基地上的房子如何处理？ (1) 家里人住着　(2) 出租　(3) 空着	A17 ☐
A18	您家是否有土地被征收？ (1) 是　　(2) 否 ↓ 您当时是否得到了足够的补偿？ (1) 没有得到任何补偿　(2) 得到了合理补偿 (3) 得到了补偿，但补偿不合理	A18 ☐ A18Z ☐
A19	其他需要说明的情况（由调查员根据访谈内容直接填写，主要是指问卷没有涉及，但调查员认为很值得一说的信息，或者是受访者很特殊的一些背景，如果没有可以空着）	A19 ☐

二、外出务工经历与态度

B1~B5：请您简单说说你外出务工的经历。（除最近一次外，如果超过 4 次，填最初的 4 次；如果不足 4 次，有几次填几次）

*[次与次的分界标准] 换了城市，或者返乡半年以上。◆本题请按照培训要求，直接在框里填。

	城市	出发年月	住所 (1) 集体宿舍 (2) 租房 (3) 住亲戚家 (4) 自己买了房 (5) 其他（写明）	持续时间* 个月	哪些家人同住 (1) 配偶 (2) 父母 (3) 子女 (4) 兄弟姐妹	途径 (1) 亲戚朋友介绍 (2) 同村老乡介绍 (3) 政府部门招工 (4) 当地职业介绍所介绍 (5) 根据城里招工信息应聘 (6) 进了城再找工作 (7) 其他（写明）	职业* (1) 建筑 (2) 加工制造 (3) 住宿餐饮 (4) 批发零售 (5) 家政服务 (6) 交通运输 (7) 保安、物业管理（理发等） (8) 技术性服务 (9) 其他（写明）
第一次	B1A	B1B1 B1B2	B1C	B1D	B1E1 B1E2 B1E3 B1E4	B1F	B1G
第二次	B2A	B2B1 B2B2	B2C	B2D	B2E1 B2E2 B2E3 B2E4	B2F	B2G
第三次	B3A	B3B1 B3B2	B3C	B3D	B3E1 B3E2 B3E3 B3E4	B3F	B3G

· 146 ·

续表

第四次	B4A ――	B4B1 □□ B4B2 □	B4C □	B4D □□ 个月	B4E1 □ B4E2 □ B4E3 □ B4E4 □	B4F □	B4G □
最近一次	B5A ――	B5B1 □□ B5B2 □	B5C □	B5D □□ 个月	B5E1 □ B5E2 □ B5E3 □ B5E4 □	B5F □	B5G □

*B6：您最初为什么外出打工？以下说法是否符合您的情况？

序号	原因	十分符合	比较符合	一般	不太符合	很不符合	编码
B6-1	务农太辛苦	5	4	3	2	1	B6A ☐
B6-2	摆脱贫困	5	4	3	2	1	B6B ☐
B6-3	在家没事可干	5	4	3	2	1	B6C ☐
B6-4	不愿再过农民的生活	5	4	3	2	1	B6D ☐
B6-5	外出务工成为村里人有出息的标志	5	4	3	2	1	B6E ☐
B6-6	可以挣更多的钱改善生活	5	4	3	2	1	B6F ☐
B6-7	想过城里人的生活	5	4	3	2	1	B6G ☐
B6-8	别人都外出务工	5	4	3	2	1	B6H ☐
B6-9	挣钱供家人读书	5	4	3	2	1	B6I ☐
B6-10	挣钱回家盖房子	5	4	3	2	1	B6J ☐
B6-11	出去见见世面	5	4	3	2	1	B6K ☐
B6-12	出去锻炼一下，然后回来自己干点事	5	4	3	2	1	B6L ☐

续表

序号	原因	十分符合	比较符合	一般	不太符合	很不符合	编码
B7	这些原因，您认为最主要的是？_____						B7 □□
*B8	您觉得您现在打工回来了，原来的目标实现了吗？ （1）完全实现了　（2）实现了一些　（3）完全没实现						B8 □
B9	关于外出打工后的出路，您第一次外出打工前是怎么考虑的？ （1）挣几年钱或见见世面就回来　（2）到大城市发展，以后不回来了 （3）挣了钱在县城（镇）上买个房子定居 （4）其他_____　　　　　（5）没怎么想过这个问题						B9 □ B9Q ___
*B10	您认识的在城里打工的人，这次春节后不准备出去的人多吗？ （1）非常多　（2）比较多　（3）一般　（4）不太多　（5）非常少						B10 □
*B11	与往年相比，你们村里今年外出打工的人回来的多吗？ （1）明显增多　（2）多了一些　（3）差不多　（4）少一些　（5）少多了						B11 □

*B12：您现在回来就不准备再出去打工的原因有哪些呢？以下一些说法是否符合您的实际情况？

序号	原因	十分符合	比较符合	一般	不太符合	很不符合	编码
B12-1	在城里钱越来越难挣了	5	4	3	2	1	B12A □
B12-2	现在老家的条件也好了	5	4	3	2	1	B12B □
B12-3	原来的工作没了，不好找工作	5	4	3	2	1	B12C □
B12-4	不想被城里人排斥、瞧不起	5	4	3	2	1	B12D □
B12-5	在城里生活不习惯	5	4	3	2	1	B12E □
B12-6	现在回家务农日子也能不错	5	4	3	2	1	B12F □
B12-7	想回家乡创业	5	4	3	2	1	B12G □

续表

序号	原因	十分符合	比较符合	一般	不太符合	很不符合	编码
B12-8	回家方便照顾老人孩子	5	4	3	2	1	B12H
B12-9	城里的事变化太快,不稳定,回家踏实	5	4	3	2	1	B12I
B12-10	出去挣点钱或者见世面的目标已经达到了,就回来了	5	4	3	2	1	B12J
B12-11	在城里小孩上学不方便	5	4	3	2	1	B12K
B12-12	城里治安环境差,没有安全感	5	4	3	2	1	B12L
B12-13	城里居住条件差	5	4	3	2	1	B12M
B13	刚才说的这些原因,您认为最重要的原因是什么?_____						B13
B14	您最近这次返乡的时候,领到应得的全部工资了吗? (1)领到了　(2)没有 ↓ 原因是什么? (1)老板耍无赖、耍诡计　　(2)我自己干得不好 (3)企业倒闭了或者老板跑了　(4)我主动帮企业渡过难关 (5)其他_____						B14 B14Z B14ZQ_____
B15	您在城里务工的时候,是否感觉城里人瞧不起你们? (1)是的　(2)没有　(3)没想过这个问题						B15
B16	您在城里务工的时候,单位给你上保险了吗? (1)没有　(2)有 ↓ 上了哪些保险? (1)基本养老保险　(2)社会医疗保险 (3)失业保险　　　(4)工伤保险(或人身意外险) (5)其他_____						B16 B16Z1 B16Z2 B16Z3

续表

序号	原因	十分符合	比较符合	一般	不太符合	很不符合	编码
							B16Z4 ☐
							B16ZQ_____
*B17	您觉得您习惯城里的生活吗？ (1) 很习惯　(2) 比较习惯　(3) 一般习惯 (4) 不太习惯　(5) 很不习惯　(6) 无所谓						B17 ☐
B18	您平时在城里都有哪些娱乐活动？(选最主要的两项) (1) 和朋友吃饭喝酒　(2) 看电视　(3) 看电影看演出 (4) 打牌打麻将　(5) 其他_____						B18A ☐ B18B ☐ B18Q_____
B19	您务工前或者务工期间参加过下列职业培训吗？谁组织的？ |	①参加过 ②没参加过	①政府　②单位 ③职业介绍所 ④其他（写明） | |---|---|---| | 保洁、家政服务 | | | | 餐饮、酒店 | | | | 美容美发、保健 | | | | 制造、加工 | | | | 建筑、装修 | | | | 电焊、维修 | | |						B19A1 ☐　B19A2 ☐ B19B1 ☐　B19B2 ☐ B19C1 ☐　B19C2 ☐ B19D1 ☐　B19D2 ☐ B19E1 ☐　B19E2 ☐ B19F1 ☐　B19F2 ☐
*B20	金融危机引发国内经济问题，您觉得国家应该管吗？ (1) 应该全面干涉　(2) 应该局部干涉　(3) 不应干涉						B20 ☐
B21	金融危机一来，很多企业老板都跑了，您怎么看？ (1) 国际大环境差，普遍都赚不到钱还赔本，当然跑了 (2) 这些老板就是不负责任，没有良心 (3) 地方政府没管好，所以让他们跑了 (4) 国家没有及时地根据形势制定政策帮助企业渡过难关 (5) 其他_____						B21 ☐ B21Q_____
B22	金融危机来了，企业裁人减工资，您怎么看？ (1) 企业也是没办法，赚不到钱，大家应该共渡难关 (2) 企业这个时候应该负责任，用以前赚的钱来补贴 (3) 政府应该负责任，给企业补贴 (4) 其他_____						B22 ☐ B22Q_____

三、目前生活状况

C1	目前您的就业状况是？ （1）闲着　　　　　（2）务农　　　　　（3）受雇农村管理 （4）打零工　　　　（5）企业工人　　　（6）个体工商户 （7）私营企业主　　（8）企业管理者　　（9）其他_____	C1 ☐ C1Q _____
C2	目前您每个月收入大概多少？_____元	C2 ☐☐☐☐
C3	您全家每个月所有的收入大概多少元？_____元	C3 ☐☐☐☐
C4	您全家收入最主要的来源是什么呢？其次呢？ （1）工资性收入（工资和劳动报酬） （2）家庭经营纯收入（出售家庭生产产品和家庭经营服务收入） （3）财产性收入（包括利息、股息、租金、红利、土地征用补偿款等收入） （4）转移性收入（包括家庭非常住人口寄带回的收入、亲友赠送收入救济金、救灾款、退休金等收入） （5）其他_____	C4A ☐ C4B ☐ C4Q _____
*C5	您觉得您目前的经济状况如何？ （1）很好　　（2）还不错　　（3）勉强过得去 （4）不太好　（5）很糟糕	C5 ☐
*C6	和村里其他人比呢？ （1）好很多　（2）好一些　（3）差不多　（4）差一些　（5）差远了	C6 ☐
C7	您觉得您务工回来，与亲戚朋友的关系有何变化？ （1）更亲密了　（2）没啥变化　（3）更疏远了	C7 ☐
C8	您觉得您务工回来，在当地的地位是否有所提高？ （1）明显提高　（2）没啥变化　（3）下降了	C8 ☐
C9	您这次回来，有没有感觉家乡比前两年热闹了？ （1）感觉强烈　（2）没什么变化　（3）更萧条了	C9 ☐
C10	当您回到"老家"时，您有一种回到"家"的感觉吗？ （1）有　（2）没有　（3）说不清楚	C10 ☐
*C11	您认为回到"老家"后，您的精神状态怎样？ （1）非常好　（2）比较好　（3）一般 （4）不太好　（5）非常不好	C11 ☐
C12	目前您这房子有多少平方米？_____平方米	C12 ☐☐☐

附录：调查问卷

续表

C13	您在县城或镇上有房吗？有几套？_____ （没有填0）	C13 ☐
C14	您目前面临的最大困难是什么？_____	C14 ☐

四、政策落实情况

*D1	据您所知，你们这儿在帮扶返乡农民工方面，出台了哪些政策？ （1）创业培训　（2）技能培训　（3）贷款担保、优惠 （4）设立创业扶持基金　（5）税费优惠 （6）物流运输、用水用电补贴　（7）减免、缓交社保金 （8）发放失业保险金　（9）为子女教育提供便利 （10）优先、优惠申请保障性住房 （11）设立返乡农民工专门岗位　（12）其他_____ ☐ 完全不了解（跳答D5） ☐ 没有出台任何以上政策（跳答D5）	D1 ☐ 总 D1A ☐ D1B ☐ D1C ☐ D1D ☐ D1E ☐ D1F ☐ D1G ☐ D1H ☐ D1I ☐ D1J ☐ D1K ☐ D1L ☐ D1Q_____
*D2	您享受了哪些政策？ （1）创业培训　（2）技能培训　（3）贷款担保、优惠 （4）设立创业扶持基金　（5）税费优惠 （6）物流运输、用水用电补贴　（7）减免、缓交社保金 （8）发放失业保险金　（9）为子女教育提供便利 （10）优先、优惠申请保障性住房 （11）设立返乡农民工专门岗位　（12）其他_____ ☐ 没有享受任何政策（跳答D4）	D2 ☐ 总 D2A ☐ D2B ☐ D2C ☐ D2D ☐ D2E ☐ D2F ☐ D2G ☐ D2H ☐ D2I ☐ D2J ☐ D2K ☐ D2L ☐ D2Q_____
*D3	总体上说，您觉得现在出台的政策对您的实际帮助大吗？ （1）很大　（2）有一些　（3）一般 （4）不太大　（5）完全没用	D3 ☐
*D4	那么，您觉得这些政策对您身边其他的返乡同村有实际帮助吗？ （1）很大　（2）有一些　（3）一般 （4）不太大　（5）完全没用	D4 ☐

· 153 ·

续表

D5	您通常通过何种途径了解与您相关的政策？ (选主要的3项，按主次排序：___—___—___) (1) 广播　　(2) 电视　　(3) 报纸杂志 (4) 镇村干部宣传　(5) 互联网　(6) 亲朋好友说起 (7) 告示、传单　(8) 其他 _____	D5A ☐ D5B ☐ D5C ☐
D6	您获得过培训券或者免费的培训机会吗？ (1) 有　　(2) 没有 ↓ 去参加了吗？ (1) 能参加都参加了　(2) 参加了一些　(3) 没参加	D6 ☐ D6Z ☐
D7	您目前最需要政府哪些方面的关心、帮助或支持？ _____	D7 _____

五、未来打算

E1	将来您是否还会外出打工呢？ (1) 不出去了　(2) 肯定要出去　(3) 看情况 ↓ 如果出去，最可能去哪儿呢？ (1) 就在本县　(2) 本省其他中小城市　(3) 本省大城市 (4) 外省城市　(5) 看情况	E1 ☐ E1Z ☐
E2	对于以后的生活，您的打算是？ (1) 长期在老家务农　(2) 在老家当个体户、做生意或办公司 (3) 有计划再去大城市打工　(4) 在本地打工 (5) 没有明确计划　(6) 其他，请写明 _____	E2 ☐ E2Q
E3	关于未来的住房，您作何打算？ (1) 没有什么打算，就这么住着　(2) 有钱了在村里盖个新房 (3) 攒钱到镇里买房　(4) 攒钱到县里买房 (5) 攒钱到大城市买房　(6) 其他 _____	E3 ☐ E3Q
E4	您是否计划争取进入村党支部，或者竞选村委会委员？ (1) 有计划　(2) 无此打算　(3) 没想好 ↓ 您是否已经参加过选举，结果如何？ (1) 参加过，选上了　(2) 参加过，没上了　(3) 没参加过	E4 ☐ E4Z ☐

附录：调查问卷

续表

E5	您想成为城里人吗？ （1）想　　　（2）不想　　　（3）说不清	E5 ☐
E6	以下几种方式的培训，您更愿意参加哪种？ （1）创业培训，包括创业知识、创业理念、创业技巧和相关法规辅导 （2）职业技能培训，参加完了自己去找工作 （3）先把我招去，再根据岗位培训	E6 ☐

六、现代性与传统性测量

最后，我说一些别人的看法，您看看您是否同意。

序号	说法	完全同意	比较同意	一般	不太同意	很不同意	编码
F1	祖坟的风水好，就可以做大官、发大财	1	2	3	4	5	F1 ☐
F2	如果男女双方的生辰八字不合，就该避免结婚	1	2	3	4	5	F2 ☐
F3	看个好日子结婚，婚姻才会美满	1	2	3	4	5	F3 ☐
F4	男人是一家之主，家中的事应由丈夫做主	1	2	3	4	5	F4 ☐
F5	女人婚后的生活重心在家庭，不应出外工作	1	2	3	4	5	F5 ☐
F6	用尽各种办法，一定要生个男孩来延续香火	1	2	3	4	5	F6 ☐
F7	在待人处事上，与朋友和谐相处十分重要	1	2	3	4	5	F7 ☐
F8	别人善意批评，自己应该有雅量接纳	1	2	3	4	5	F8 ☐
F9	处理事情前，应该多听听别人的不同意见	1	2	3	4	5	F9 ☐
F10	如果自己的关系够多或后台够硬，要找工作不是件难事	1	2	3	4	5	F10 ☐
F11	少管闲事、但求自保，是立身处事的重要原则	1	2	3	4	5	F11 ☐
F12	在单位做事，没有人事背景就很难升级	1	2	3	4	5	F12 ☐
F13	在长辈面前，晚辈应恭恭敬敬	1	2	3	4	5	F13 ☐

续表

序号	说法	完全同意	比较同意	一般	不太同意	很不同意	编码
F14	子女的成就应该归功于父母	1	2	3	4	5	F14
F15	子女做重要决定前，必须征得父母同意	1	2	3	4	5	F15
F16	亲人犯了法，应该鼓励他（她）去自首	5	4	3	2	1	F16
F17	已婚子女不愿生小孩，父母也不必勉强他们	5	4	3	2	1	F17
F18	每个人都有权利对国家的重大政策发表意见	5	4	3	2	1	F18
F19	只要肯努力去做，没有做不到的事	5	4	3	2	1	F19
F20	人的财富是靠个人努力，不是靠命运安排	5	4	3	2	1	F20
F21	纵然生于贫苦之家，只要辛勤工作，仍然可以改善生活	5	4	3	2	1	F21
F22	人生就应该争取吃好的、穿好的、住好的	5	4	3	2	1	F22
F23	钱赚了就是要花的，为什么不过得舒服一点	5	4	3	2	1	F23
F24	告诉别人自己用的物品是名牌，心理上会有满足感	5	4	3	2	1	F24
F25	社会福利应有完善的制度来保障，不能只靠民间爱心	5	4	3	2	1	F25
F26	只要部下的意见是对的，上司应乐于接受	5	4	3	2	1	F26
F27	对于犯罪者应依法进行矫治和惩罚	5	4	3	2	1	F27
F28	人要有自己的未来计划，不能过一天算一天	5	4	3	2	1	F28
F29	今天的努力是为了更美好的明天	5	4	3	2	1	F29
F30	时间很宝贵，浪费时间就是浪费生命	5	4	3	2	1	F30

调查到此结束，非常感谢您的合作和支持！

参考文献

白南生、何宇鹏:《回乡,还是外出?——安徽四川二省农村外出劳动力回流研究》,《社会学研究》2002年第3期。

蔡昉:《刘易斯转折点——中国经济发展新阶段》,社会科学文献出版社2008年版。

蔡昉,白南生:《中国转轨时期劳动力流动》,社会科学文献出版社2006年版。

蔡昉:《中国流动人口问题》,社会科学文献出版社2007年版。

常红晓等:《农民工失业调查》,《财经》2009年第229期。

陈希玉:《论城乡统筹》,《发展论坛》2003年第10期。

冯仕政:《典型:一个政治社会学的研究》,《学海》2003年第3期。

郭翔宇:《统筹城乡发展的理论思考与政策建议》,《山东财政学院学报》2004第5期。

郭志仪、金沙:《中西部地区扶持农民工返乡创业的机制探索》,《中州学刊》2009年第2期。

胡晓娣:《社会资本对创业机会识别的影响机理研究》,《生产力研究》2009年第20期。

黄建新:《农民工返乡创业行动研究——结构化理论的视角》,《华中农业大学学报(社会科学版)》2008年第5期。

黄坤明:《城乡一体化路径演进研究:民本自发与政府自觉》,科学出版社2009年版。

郏启新:《"民工潮"促"创业潮"、"开发潮"、"建城潮"》,载王郁昭、邓鸿勋主编:《农民就业与中国现代化》,四川人民出版社1999年版。

简新华、黄锟等:《中国工业化和城市化进程中的农民工问题研究》,人民出版社2008年版。

简新华、张建伟:《从"民工潮"到"民工荒"——农村剩余劳动力有效转移的制度分析》,《人口研究》2005年第2期。

焦伟侠、陈俚君:《关于统筹城乡经济协调发展的思考》,《经济体制改革》2004年第1期。

鞠正江、张益刚、房清波:《论"统筹城乡经济社会发展"的丰富内涵和对策措施》,《中共济南市社会主义学院学报》2003年第3期。

柯健:《返乡农民工创业就业的现状及对策研究》,《求实》2009年第6期。

梁雄军、林云、邵丹萍:《农村劳动力二次流动的特点、问题与对策——对浙、闽、津三地外来务工者的调查》,《中国社会科学》2007年第3期。

李惠斌:《什么是社会资本》,载李惠斌、杨雪冬主编:《社会资本与社会发展》,社会科学文献出版社2000版。

李强:《影响中国人口流动的推力与拉力因素分析》,《中国社会科学》2003年第1期。

李文涛:《帮助返乡农民工创业、就业的几点建议》,《特区经济》2009年第6期。

林斐:《对90年代回流农村劳动力创业行为的实证研究》,《人口与经济》2004年第2期。

刘林平、万向东、张永宏:《制度短缺与劳工短缺》,社会科学文献出版社2007年版。

刘云:《关于返乡农民工创业问题的思考》,《理论观察》2009年第3期。

彭华涛、谢科苑:《创业企业家资源禀赋的理论探讨》,《软科学》2005年第5期。

盛来运:《流动还是迁移——中国农村劳动力流动过程的经济学分析》,上海远东出版社2008年版。

孙永松:《影响农民工回乡创业意愿的因素分析——以江苏省南京市为例》,南京农业大学硕士学位论文,2008年。

陶武先:《统筹城乡经济,发展特色产业——四川丘陵地区经济发展情况调查》,《经济体制改革》2004年第1期。

王胜远、张平、石亚娟:《返乡农民工创业研究——基于SWOT的分析》,《经济与管理》2009年第10期。

王西玉、崔传义、赵阳:《打工与回乡:就业转变和农村发展——关于部分进城民工回乡创业的研究》,《管理世界》2003年第7期。

杨俊、张玉利:《基于企业家资源禀赋的创业行为过程分析》,《外国经济与管理》2004年第2期。

姚梅芳:《基于经典创业模型的生存型创业理论研究》,吉林大学博士学位论文,2007年。

叶裕民:《统筹城乡发展:中国跨越"中等收入陷阱"的重大战略》,四川新闻网2011年3月24日,http://scnews.newssc.org/system/2011/03/04/013091063.shtml,2011年5月1日。

张雨林:《论城乡一体化》,《社会学研究》1988年第5期。

赵保佑:《制度创新:统筹城乡协调发展的关键》,《中州学刊》2004年第6期。

钟春艳、李保明、王敬华:《城乡差距与统筹城乡发展途径》,《经济地理》2007年第6期。

[德] 恩格斯:《家庭、私有制和国家的起源》,中共中央马恩列斯著作编译局译,人民出版社2003年第3版。

[德] 马克斯·韦伯:《新教伦理与资本主义精神》,于晓等译,三联书店1987年版。

[美] 简·雅各布斯:《城市经济》,项婷婷译,中信出版社2007年版。

[美] 刘易斯·芒福德:《城市发展史——起源、演变和前景》,宋俊岭、倪文彦译,中国建筑工业出版社2005年版。

[美] 西奥多·舒尔茨:《论人力资本投资》,北京经济学院出版社1988年版。

[英] 埃比尼泽·霍华德:《明日的田园城市》,金经元译,商务印书馆2000年版。

Aldrich H. E. and C. Zimmer, "Entrepreneurship through Social Networks", in D. L. Sexton and R. W. Smilor, eds. *The Art and Science of Entrepreneurship*, Cambridge, MA: Ballinger, 1986.

Bogue Donald J., "Internal Migration" in Hauser and Duncan, eds. *The Study of Population: An Inventory Appraisal*, Chicago: University of Chicago Press, 1959.

Douglass Mike and John Friedmann eds., *Cities for Citizens: Planning and the Rise of Civil Society in a Global Age*, London: John Wiley, 1998.

Firkin Patrick, "Entrepreneurial Capital: A Resource based Conceptualization of the Entrepreneurial Process", *Labour Market Dynamics Research Program Working Paper*, No. 7, 2001.

Gartner William. B., "A Conceptual Framework for Describing the Phenomenon of New Venture Creation", *Academy of Management Review*, Vol.10, No. 4, 1985.

Knight John and Linda Yueh, "Job Mobility of Residents and Migrants in Urban China", *Journal of Comparative Economics*, Vol.32, 2004.

Lee Everett S., "A Theory of Migration", *Demography*, Vol. 3, No. 1, 1966.

Lewis G.J., *Human Migration: A Geographical Perspective*, London: Croom Helm Ltd, 1982.

Low M. B. and I. C. MacMillan, "Entrepreneurship: Past Research and Future Challenges", *Journal of Management*, Vol. 14, No. 2, 1988.

Markman Gideon D. and Robert A. Baron, "Person-Entrepreneurship Fit: Why Some People Are More Successful Asentrepreneurs than Others", *Human Resource Management Review*, Vol. 13, 2003.

Mitton Daryl G. and Betty Lilligren Mitton, *Managerial Clout: Take Action, GetResults, Influence People and Events*. Cranbury, NJ: Prentice Hall, 1980.

McClelland, David., *The Achieving Society*, Princeton: Van Nostrand, 1961.

McGee T. G., "Globalization and Rural Urban Relations in the Developing World", in: Fu-chen Lo and Yue-man Yeung, eds. *Globalization and the World of Large Cities*. Tokyo: United Nations University Press, 1998.

Merton Robert K. *Social Theory and Social Structure*, New York: Free Press, 1968.

Reynolds P. D., W.D. Bygrave, E. Autio, L.W.Cox and M. Hay, *Global Entrepreneurship Monitor: 2002 Executive Report*, Babson College, London Business School and Kauffman Foundation, 2002.

Reich Michael, David M. Gordon and Richard C.Edwards, "A Theory of Labor Market Segmentation", *The American Economic Review*, Vol.63, May 1973.

Rosenfeld Rachel A., "Job Mobility and Career Processes", *Annual Review of Sociology*, Vol. 18, 1992.

Sahlman William A, "Some Thoughts on Business Plans", in William A. Sahlman, Howard H. Stevenson, Michael J. Roberts and Amar Bhide, eds. *The Entrepreneurial Venture*. Boston: Harvard Business School Press, 1999.

Schumpeter J., *The Theory of Economic Development*, Harvard University Press, 1934.

Shane S. and S. Venkataraman, "The Promise of Entrepreneurship as a Field of Research", *Academy Of Management Review*, Vol. 25, No.1, 2000.

Stevenson H. H., M. Roberts and H. Grousbeck, *New Business Ventures and the Entrepreneur*, Homewood, IL: Irwin, 1989.

Stevenson H. H. and J. C. Jarillo-Mossi, "A Paradigm of Entrepreneurship: Entrepreneurial Management". *Strategic Management Journal*, 11, special issue, summer 1990.

Stevenson Lois, Anders Lundstrom, *Entrepreneurship Policy for the Future*, Swedish Foundation for Small Business Research, 2001.

Storey D.J., *Understanding the Small Business Sector*, London: Routledge, 1994.

Timmons Jeffry A., *New Venture Creation*, 5 ed., Singapore: McGraw-Hill, 1999.

Wickham Philip A., *Strategic Entrepreneurship*, London: Pitman Publishing, 1998.

Wright F. L., "Broadacre City: A New Community Plan", *Architectural Record*, April 1935.

索 引

C

Cox 回归 46，47，50
操作平台 135，
城乡公共服务均等化 24，25，26
城乡关联发展 20
城乡关系 17，18，19，21，22，26，27，28
城乡居民福利持续增进 24，135
城乡居民权利均等 24，25，29，135
城乡融合 19，20，22，27，129
城乡社会管理现代化 24，25
城乡协调发展 19，21，22，159
城乡一体化 20，21，22，23，24，29，135，157，159
城镇化 2，12，24，25，26，98，133
传统意识 42，43，57，67
创业服务 11，135，138
创业过程 4，5，6，8，14，28，57，87，88，127
创业环境 2，4，6，7，8，14，31，87，100，103，130
创业基金支持 110，121，134
创业决策 5，13，14，51，52，53，62，65，66，87，88，89
创业决策动力 88
创业可能性 65
创业绿色通道 138
创业模型 6，7，8，9，12，14，67，87，159
创业能力 2，13，14，15，28，31，33，35，37，39，41，43，45，46，47，49，51，53，55，57，59，61，63，65，66，67，87，89，121，135，136，137，138
创业培训 108
创业潜质评价系统 135
创业维持 13，14，87，88，94
创业项目评价系统 137
创业信息服务 110
创业行为 11，29，31，51，55，59，62，102，103，131，132，158
创业形态 14，87，88，98
创业意愿 5，11，12，13，14，28，54，63，69，71，73，75，77，78，79
创业者 4，5，6，7，8，9，12，14，31，44，51，54，55，59，67，87，95，100，109，110，121，124，126，127，129，130，136，137，138，141
创业资金与金融支持 135，138

创业资源禀赋 51，62，66

D

贷款支持 108，110，120，122，123，125，131，134，137，140
担保瓶颈 122
地方扶持政策 104，108
调查抽样 15，16
调整期 130

E

"二元"结构 17，18，21，23，25，134

F

返乡创业 1，2，3，10，11，12，13，14，16，25，26，27，28，29，31，39，52，54，55，62，65，67，69，71，73，75，77，78，79，81，83，84，85，87，88，89，91，93，94，95，97，98，99，100，101，102，103，104，105，107，108，109，110，111，113，115，117，119，120，121，123，125，127，129，130，131，132，133，134，136，137，138，139，140，157
返乡创业扶持政策 13，29，78，110，127，131，137
返乡农民工创业能力 15，31，33，35，37，39，41，43，45，47，49，51，53，55，57，59，61，63，65，67
返乡农民工培训 118，120
返乡农民工生活状况调查 15，143

返乡原因 53，69，73，74，89，90，91，92，93，112，113
扶持农民工返乡创业 1，2，3，11，12，13，14，25，26，28，29，31，67，103，109，110，121，127，129，131，132，133，134，136，139，141，157

G

Gartner 模型 7
个人综合信用管理 135，140，141
个体经营模式 99
公平 18，24，27，29，133，135，137，138
供给不顺 120
广亩城 20
归属感 40

H

合作社模式 99
和谐 11，19，24，25，29，42，57，133，135，155
回引工程 10

J

机会 3，4，5，6，7，8，9，12，13，22，25，44，51，55，56，57，59，60，61，66，67，75，84，87，88，89，95，102，118，126，136，137，154，157
机会型创业 88，95，102，136
基础工程 135，140，141

技术支持　110，138

加工制造业　34，55，56，66，94，98，99，100

家庭网络支持　78，79，80，81，82，83

减免税费　110

降低创业门槛　110

金融危机影响　97

经济收入　35，84，89，100，136

经济状况　37，38，39，52，53，54，62，63，64，65，78，79，80，81，82，83，84，85，102，123，136，137，152

经济状况认知　38，53，54，62，63，64，65，79，81，82，83，84，102，136

经济资本　32，36，51，52，53，62，65，66，73，84

经验主导型创业　95

精神状态　37，40，152

就业　1，2，3，9，10，11，12，15，16，19，22，27，31，35，36，39，44，45，46，55，56，58，73，75，76，78，88，89，95，97，100，102，103，104，105，106，107，108，109，114，120，122，124，129，130，131，133，134，135，138，140，152，157，158

就业变动性　44

居住　9，19，22，34，37，49，50，59，74，75，90，91，150

K

KMO 值　89

可持续　18，22，23，24，25，29，127，133，135

L

Logistic 回归　62，63，78，80，92，93

拉力　37，40，70，75，77，88，89，97，158

两个反哺　24

流动性　32，44，45，46，137

M

民工荒　10，44，45，157

N

能人经济　102

农民工创业　2，3，7，9，10，11，12，13，14，15，19，21，23，25，26，27，28，29，31，33，35，37，39，41，43，45，47，49，51，52，53，54，55，57，59，61，63，65，67，84，87，88，89，94，95，97，98，102，103，105，106，109，110，119，120，121，122，125，126，127，129，130，131，132，133，134，135，136，137，138，139，140，158

农民工创业扶持政策　12，31，119，132，138，139

农民工创业园　14，97，105，109，125，126

农民工返乡　1，2，3，11，12，13，14，16，25，26，27，28，29，31，32，44，62，65，67，69，71，73，74，75，77，78，79，81，83，84，85，

87，88，89，90，91，93，94，95，
97，98，99，100，101，102，103，
104，105，107，108，109，110，111，
112，113，115，117，119，120，121，
123，125，126，127，129，130，131，
132，133，134，135，136，138，139，
140，141，157

农民工返乡创业　1，2，3，10，11，12，
13，14，16，25，26，27，28，29，
31，62，65，67，69，71，73，75，
77，78，79，81，83，85，87，88，
89，91，93，95，97，98，99，100，
101，102，103，104，105，107，109，
110，111，113，115，117，119，120，
121，123，125，127，129，130，131，
132，133，134，136，138，139，140，
141，157

农民工返乡创业扶持政策体系　29，110

农民工职业教育　104

农业现代化　25，26，98

P

排挤效应　130

Q

区域统一体　20

R

人才政策　135

人力资本　2，11，32，51，54，55，58，
61，62，66，73，120，135，159

社会保障　11，19，23，89，104，115，
122，123，139，140

社会建设　18

社会交往认知　39

社会资本　2，5，12，14，32，51，59，
60，61，62，66，158

生存型创业　6，67，88，89，94，98，
102，127，130，131，136，159

生活性服务业　98，99，102

失业返乡　2，16，35，76，100，103，
107，120，122

事件史分析　46，49

树典型　116，132

私营企业模式　99

思想状况　38

S

"三农"问题　1，15，18，21，25，26

Sahlman 模型　8

T

Timmons 模型　7，8，9，87

特殊人力资本　55，58

田园城市　20，159

同源化人口综合跟踪管理　135

统筹城乡发展　2，3，12，14，17，18，
19，20，21，22，23，24，25，26，
27，28，29，129，130，132，134，
135，141，159

统筹城乡综合配套改革　18，19

推力　70，75

W

Wickham 模型　8
外出间隔时间分析　48
外出务工动机　69，70，75
外出务工经历　33，55，73，79，81，82，83，84，85，95，146
外出务工目标实现　71，72，73
未来打算　49，50，75，92，113，114，154
务工经历　33，39，55，73，79，81，82，83，84，85，95，102，126，133，136，137，146
务工时长　84
务工途径　34

X

现代性水平　43，55，57，66，78，79，81，82，83，84，102，136，137
现代意识　42，43，57，67
现实排斥　121
新农村建设运动　20
新型工业化　25，26
行业局限　122
需求缺失　120
学校创业教育　138
寻租风险　125

Y

一般人力资本　55
以人为本　22，24，29，135
因子分析　89，91
引导性政策　131
应急性政策　131

Z

战略性政策　11，131
政策环境　6，13，25，26，103，105，107，109，111，113，115，117，119，121，123，125，127
政策落实情况　117，153
政策实践　11，12，14，24，25，103，105，107，109，111，113，115，117，119，121，123，125，127，134，138
政策知晓率　114，115，116，117，131
政治参与　38
支持性政策　131
职业　9，11，33，34，44，55，56，58，59，60，61，76，94，103，104，106，108，121，123，151，155
制度纳入　121
中等收入陷阱　22，159
种养殖业　98
重点领域　18，135，138
筑巢引凤　10
转换工作频率　47
资金主导型创业　96
资源　3，4，5，6，7，8，9，11，12，13，18，19，21，22，23，26，27，28，51，59，62，66，88，95，98，102，104，116，121，123，124，125，127，129，130，132，133，137，138，139，140，141，158，
资源难题　125

后 记

对于笔者而言，本书仍然是一个阶段性成果。限于数据资料搜集和笔者能力等因素，目前的研究成果还存在一些局限和不足，至少包括：

第一，比较研究不足。目前本书的数据与资料分析还处于比较笼统的层次，由于抽样代表性的限制，无法进行分省的比较。一些跟踪调查的发现也还没有来得及呈现，在农民工创业能力和意愿的分析上还有很大的提升空间。

第二，理论建构不足。本书就扶持农民工返乡创业提出了一些政策建议，但是还没有形成相对比较系统、完善的战略和路径，有待在以后的研究中继续努力。

第三，农民工返乡创业实践主要采用定性分析，限于数据搜集成本而没有进行定量分析，影响了结论的说服力。

这些局限和不足以及研究过程中发现的新问题，都为笔者继续深化研究提供了方向。事实上，笔者对这些问题的探索已经开始，并且已经在新生代农民工群体研究、农民工返乡创业的制度性障碍等方面进行了一些拓展性的研究。在未来的道路上，笔者及所在的团队将基于共同的学术兴趣和不同的学科背景，持续关注"三农"问题和中国统筹城乡发展实践，为创新知识和社会服务而不懈努力。

唐 杰
2014 年 9 月

图书在版编目（CIP）数据

统筹城乡发展背景下的农民工返乡创业研究/唐杰著. —北京：经济管理出版社，2014.10
ISBN 978-7-5096-3340-3

Ⅰ.①统… Ⅱ.①唐… Ⅲ.①民工—劳动就业—研究—中国 Ⅳ.①D669.2

中国版本图书馆 CIP 数据核字（2014）第 206833 号

组稿编辑：宋　娜
责任编辑：宋　娜　丁慧敏
责任印制：黄章平
责任校对：陈　颖

出版发行：经济管理出版社
　　　　　（北京市海淀区北蜂窝 8 号中雅大厦 A 座 11 层　100038）
网　　址：www.E-mp.com.cn
电　　话：(010) 51915602
印　　刷：三河市延风印装厂
经　　销：新华书店
开　　本：720mm×1000mm/16
印　　张：12.75
字　　数：209 千字
版　　次：2014 年 10 月第 1 版　2014 年 10 月第 1 次印刷
书　　号：ISBN 978-7-5096-3340-3
定　　价：68.00 元

·版权所有　翻印必究·
凡购本社图书，如有印装错误，由本社读者服务部负责调换。
联系地址：北京阜外月坛北小街 2 号
电话：(010) 68022974　　邮编：100836